Von drauß' vom Walde komm ich her

Die schönsten Geschichten zu Advent und Weihnachten

herausgegeben von
Carola Hoffmann

mit Bildern von
Wolfgang Freitag

Pattloch

Die Deutsche Bibliothek – CIP-Einheitsaufnahme
Ein Titelsatz für diese Publikation ist bei
Der Deutschen Bibliothek erhältlich

Gedruckt auf chlorfrei gebleichtem Papier.

©2002 Pattloch Verlag GmbH & Co. KG, München
Ein Unternehmen der Verlagsgruppe Droemer-Weltbild
Umschlaggestaltung: Daniela Meyer, München, unter Verwendung
einer Illustration von Wolfgang Freitag
Lektorat: Michael Schönberger
Satz und Layout: Ruth Bost, München; gesetzt aus Sabon
Reproduktion: Repro Ludwig, A–Zell a. See
Druck und Bindung: Appl, Wemding
Printed in Germany

ISBN 3-629-00409-1
www.pattloch.de

Vorwort

„Fröhlich soll mein Herze springen dieser Zeit,
da vor Freud alle Engel singen." *(Paul Gerhardt)*

Auch unsere Herzen sollten jetzt springen, denn das schönste Fest
des Jahres steht vor der Tür. Vergessen Sie einfach eine Zeitlang
alle Hektik. Lassen Sie uns inne halten, entspannen und mit unseren
Kindern eine schöne Advents- oder Weihnachtsgeschichte lesen.
„Von drauß vom Walde komm ich her" ist ein Buch für die ganze
Familie. Für jeden ist etwas dabei, selbst für die Allerkleinsten.
Es wurden besinnliche und stimmungsvolle Texte ausgewählt aber
auch Geschichten zum Staunen oder Schmunzeln. Bekannte Kinder-
buchautoren erzählen von wunderbaren Dingen wie z.B. über die
Wandlung eines selbstsüchtigen Mannes, über die Bekehrung eines
Räubers und über eine göttliche Spur im Schnee. Es gibt lustige
Erzählungen über Schneemänner und Weihnachtsbäume, über den
Nikolaus und seine Nöte und natürlich viele Geschichten über das
Christkind.
Klassische, besinnliche Gedichte von Theodor Storm, Christian
Morgenstern oder Joseph von Eichendorff stehen neben überliefertem
Volksgut und modernen lustigen Gedichten wie die von James Krüss
oder von Gina Ruck-Pauquèt.
Die Sammlung ist übersichtlich in fünf Kapitel gegliedert. Für
jede Zeit und jede Stimmung gibt es die richtige Geschichte oder
das passende Gedicht. Geschichten und Reime für die ganz Kleinen
sind im Inhaltsverzeichnis mit einer kleinen Maus gekennzeichnet.

Ich wünsche Ihnen eine ruhige Adventszeit
und ein frohes Weihnachtsfest.

Carola Hoffmann

Inhalt

Kapitel I: Advent, Advent ein Lichtlein brennt

Kapitel II: Lieber guter Nikolaus

Kapitel III: Oh Tannenbaum, oh Tannenbaum

Kapitel IV: Wir warten auf das Christkind

Kapitel V: Heilige Drei Könige und Silvester

Kapitel I

Advent, Advent ein Lichtlein brennt

Paradies-Schnee

In den Straßen, wo die vielen Autos fahren, ist der Schnee schmutzig, und auf den Gehsteigen sieht er auch nicht besser aus. Aber im Stadtgarten, da liegt er frisch und weiß auf den Wiesen. Unberührt bis auf eine krakelige Vogelspur hie und da.

„Die Bäume halten sich ganz still, damit der Schnee nicht runterfällt", sagt Susi, „nicht wahr?" Eckhard nickt.

„Sag, woher kommt der Schnee?"

„Aus den Wolken", erklärt Eckhard, „die haben die ganzen Bäuche voll davon."

„Und warum ist er immer nur weiß und nie rot?", will Susi jetzt wissen. „Weil er sonst Flecken machen würde."

„Kann man Schnee essen?", fragt Susi.

„Ja", sagt Eckhard, „aber er ist so kalt, da kriegt man Bauchschmerzen." „Ein bisschen?"

„Nein", sagt Eckhard, und er nimmt seine kleine Schwester fest an der Hand. „Pass auf, wie viele Wörter es mit Schnee gibt", lenkt er sie ab: „Schneeball, Schneewetter, Schneemann …"

„Schneefrau!", schreit Susi.

„Schneesturm", fährt Eckhard fort, „Schneeschaufel, Schneekönigin …"

„Schneenasi", sagt Susi. „Nein", sagt Eckhard.

„Doch", sagt Susi, „weil mir nämlich Schnee auf die Nase gefallen ist!"

„Na gut", meint Eckhard. „Schneeräumer, Schneeschuhe …"

„Schneestrümpfe!", brüllt Susi und hüpft auf einem Bein, „Schneehütte, Schneevögel!"

„Komm, wir machen eine Schneeballschlacht!", ruft Eckhard. „Los!" Da bewerfen sie sich mit Schneebällen. Die Susi schmeißt, so fest sie kann. Der Eckhard darf das aber nicht, weil seine kleine Schwester dann losheult.

„Pah", stöhnt Susi endlich, „ich krieg keine Luft mehr!"

Jetzt schneit es mehr und mehr. Dichte Flocken segeln herab.

„War voriges Jahr auch Winter?", fragt Susi.

„Klar", antwortet Eckhard. „Erinnerst du dich nicht mehr?"

„Und vorvoriges Jahr?" „Da auch."

„Und vorvorvoriges Jahr?", Susi ist eine Nervensäge.

„Jedes Jahr ist Winter", erklärt Eckhard.

„Ganz früher auch?"

„Ja", sagt Eckhard. „Woher weißt du das?"

Eckhard denkt nach. „Von der Mama."

„Und woher weiß es die Mama?"

„Von der Großmama. – Siehst du den Vogel da?", versucht er sie abzulenken.

„Ja", sagt Susi. „Und von wem weiß die Großmama es?"

„Von ihrer Mutter", sagt Eckhard. „Der Urgroßmama."

„Und die?", bohrt Susi weiter.

„Von der Ururgroßmama. Der hat es die Urururgroßmama erzählt, und die erfuhr es von der Ururururururgroßmama."

„Und die von der Urururururururur …", jetzt macht es Susi erst Spaß!

„Ja", sagt Eckhard, „und immer so weiter zurück."

„Bis wohin?", fragt Susi. Eckhard stöhnt.

„Wo sind denn deine Handschuhe?", fragt er.

„Weiß ich nicht", sagt Susi. „Bis wohin?"

„Bis zu Adam und Eva im Paradies!"

„Im Paradies ist immer Sommer!", sagt Susi.

„Wieso?", fragt Eckhard.

„Weil da immer Sommer ist! Auf allen Paradiesbildern ist Sommer!"
Susi hat recht. Die Wiesen sind immer grün, und die Blumen blühen.

„Im Paradies ist auch Winter gewesen!"

„Warum?", fragt Susi.

„Weil das Paradies ein wunderschöner Ort war", sagt Eckhard, „und weil der Winter auch wunderschön ist. Und weil er zu einem wunderschönen Ort dazugehört."

Susi guckt zu ihm hoch. „Ja", sagt sie. „Und die Tiere?", fragt sie. „Und die Leute?"

„Die Leute waren Adam und Eva", sagt Eckhard. Da fällt ihm ein, dass die ja keine Kleider hatten. „Im Paradies war der Schnee nicht kalt", sagt er.

„Echt?", fragt sie. „Woher weißt du das?", fragt sie.

„Von niemandem auf der ganzen, weiten Welt", sagt Eckhard. „Von mir ganz allein."

„Da mussten sie nicht frieren", sagt Susi.

„Aber ich friere", fügt sie hinzu. „Trag mich ein bisschen!"

„Ob es wirklich Winter gab im Paradies?", denkt Eckhard während er seine kleine Schwester huckepack nach Hause trägt. „Ganz bestimmt", denkt er, „und ich bin der erste, dem es eingefallen ist."

Gina Ruck-Pauquèt

14

Advent

Es treibt der Wind im Winterwalde
die Flockenherde wie ein Hirt,
und manche Tanne ahnt, wie balde
sie fromm und lichterheilig wird,
und lauscht hinaus. Den weißen Wegen
streckt sie die Zweige hin – bereit,
und wehrt dem Wind und wächst entgegen
der einen Nacht der Herrlichkeit.

Rainer Maria Rilke

Der Wunschzettel

Dicke, graue Wolken hängen am Himmel und Patrick sitzt am Fenster und schaut enttäuscht nach oben.

„Mama, wann schneit es denn nun endlich?" Seit Tagen wartet er auf den ersten Schnee, aber stattdessen regnet es nur.

„Tja, ich weiß es auch nicht", gesteht die Mutter ratlos.

„Aber mir ist es so schrecklich langweilig. Ich will Schlitten fahren, Schneeballschlachten machen und einen riesengroßen Schneemann bauen."

„Sollen wir rausgehen und ein bisschen über Pfützen springen?", schlägt die Mutter vor.

„Pfützen springen", murrt Patrick „das haben wir doch den ganzen Herbst über gemacht."

Und er hat Recht. Der Herbst war verregnet. Es regnete so sehr, dass es überall Hochwasser gab. Sogar der kleine Bach, der am Haus von Patricks Eltern vorbeifloss, war über die Ufer getreten und hatte den

Garten überschwemmt. Jetzt war schon Anfang Dezember und es regnete immer noch. Was konnte man da schon spielen? Der Fußballplatz versank in Schlamm und Matsch, so dass an Fußball spielen überhaupt nicht zu denken war und mit dem Spielplatz war es dasselbe: Im Sandkasten stand knöcheltief Regenwasser, in dem ertrunkene Regenwürmer schwammen. „Sogar denen ist das Wasser zuviel", dachte Patrick, als er unschlüssig auf dem Spielplatz stand. Die Schaukeln waren abgehängt worden und das Klettergerüst aus Holz war so klitschig, dass an Hochklettern gar nicht zu denken war.

Seit Tagen und Wochen spielte Patrick nun schon drinnen. Aber heute macht ihm kein Spiel mehr Spaß. Er hat ja auch schon alles gespielt, was es zu spielen gab: Er hat Burgen und Piratenschiffe aus Legosteinen gebaut und danach wieder zerstört, Spielzeugautos hoch und runter und hin und her gefahren. Er hat gemalt, gebastelt, Musik gehört, Bilderbücher angeschaut – zu nichts hatte er mehr Lust. Ja, selbst Fernseh schauen machte keinen Spaß mehr. Er wollte nur noch eins: raus in den Schnee.

„Wieso schreibst du nicht einen Wunschzettel fürs Christkind?", schlägt die Mutter vor.

„Ich kann doch noch gar nicht richtig schreiben."

„Das macht doch nichts. Mal doch einfach, was du dir wünschst."

„Gar keine schlechte Idee", denkt Patrick und läuft zu seinem Schreibtisch. Er kramt ein unbeschriebenes, noch nicht zerknittertes, hellblaues Blatt Papier heraus. „Ja, das müsste gehen. Ich male nur noch ein paar gelbe Sterne darauf …" Als er fertig ist, ist er sehr zufrieden mit sich. „Schau mal, Mama, habe ich das nicht toll gemalt?"

„Und was genau wünscht du dir? Lauter Sterne?", fragt die Mutter etwas ratlos.

„Aber nein", wie dumm Erwachsene manchmal sein können, „ich habe doch nur das Briefpapier verschönert."

„Ach so, ja, das ist wirklich hübsch", meint die Mama. „Und weißt du schon, was du dir wünschst?"

„Oh, ich habe jede Menge Wünsche", sagt Patrick und verschwindet in seinem Zimmer.

Er setzt sich hin und denkt nach: „Ich wünsche mir, ich wünsche mir … ein ferngesteuertes Auto, so ein tolles, mit dem ich über Rampen sausen kann. Oder besser ein Parkhaus mit Tankstelle und Waschstraße oder den großen beweglichen Dinosaurier aus Gummi, den ich kürzlich mit Mama im Spielzeugladen bewundert habe … aber für was soll ich mich bloß entscheiden? Alle drei Geschenke, das wäre wirklich zu viel …"

Patrick schaut aus dem Fenster und grübelt nach. Und plötzlich weiß er genau, was er wirklich will. Er beginnt zu zeichnen: kleine weiße Sternchen, die vom Himmel fallen, Kinder, die Schlitten fahren und eine Schneeballschlacht machen und einen dicken Schneemann, mit schwarzen Augen, einer Karottennase und einem Besen. Fertig.

„Rate mal, was ich mir wünsche!", fordert er seine Mutter auf.

Diese betrachtet lange das Bild und fragt dann unsicher: „Wünschst du dir etwa, dass es schneit?"

„Ja, genau."

„Meinst du nicht, dass es für das Christkind schwierig sein wird, dir diesen Wunsch zu erfüllen?"

„Wieso denn?", meint Patrick.

„Nun ja, ich bin mir nicht ganz sicher, ob das Christkind das Wetter beeinflussen kann. Das ist schon ein sehr großer Wunsch."

„Aber es kann doch auch in einer Nacht allen Kindern die Geschenke bringen. Das Christkind kann sicher zaubern. Also kann es mir auch Schnee herzaubern", entgegnet Patrick. „Außerdem wünsche ich mir nichts anderes. Und es würde mir nichts ausmachen, wenn das Christkind mir diesen Wunsch schon ein paar Tage vor Heiligabend erfüllen würde, dann hätte es doch viel mehr Zeit für all die anderen Wünsche."

„Na ja, versuchen kannst du es ja mal. Hier hast du einen Briefumschlag." Patrick faltet seinen Wunschzettel sorgfältig zusammen und steckt ihn in den Umschlag, auf den seine Mutter noch „An das

Christkind" draufschreiben muss. Er steckt den Brief sicherheits-
halber noch in eine Klarsichthülle, damit das Regenwasser ihn
nicht aufweicht und legt dann alles auf das Sims vor seinem Kinder-
zimmerfenster.

„Heute Nacht holt sich das Christkind ganz bestimmt den Brief und
morgen, spätestens übermorgen gibt es Schnee", denkt sich Patrick
und freut sich schon.

Am nächsten Morgen ist der Umschlag tatsächlich weg.

„Jetzt muss es doch bald schneien", denkt Patrick und setzt sich ans
Fenster und wartet und wartet … Nach
einer halben Stunde wird ihm das Warten
auf den ersten Schnee langweilig.

„Mama, meinst du, dass es heute
noch schneit?"

„Sieht nicht danach aus,
mein Schatz."

Patrick macht ein
enttäuschtes
Gesicht.

„Vielleicht morgen", versucht ihn die Mama zu trösten.

Aber auch am nächsten Tag fällt keine einzige Schneeflocke, und nicht am übernächsten und auch nicht am überübernächsten. Patrick wird immer trauriger.

„Ich habe doch nur diesen einzigen Wunsch ...", weint Patrick.

„Aber er ist wirklich schwer zu erfüllen", meint die Mutter.

Patricks Augen füllen sich immer mehr mit Tränen. Nein, vor seiner Mutter heulen und dann noch wegen so etwas, das will er wirklich nicht. Er dreht sich zum Fenster und schaut hinaus. Aber was sieht er da? Sind das nicht Schneeflocken, die vom Himmel schweben oder sieht er nur nicht so richtig wegen der Tränen? Er wischt sich kräftig die Augen und schaut noch einmal ganz genau hin. Nein, tatsächlich es sind Schneeflocken, kleine, zarte Flocken noch, die an der Fensterscheibe sofort dahin schmelzen.

„Hurra", ruft Patrick. „Es schneit, es schneit. Ich geh gleich raus."

„Halt, hiergeblieben. Es ist schon zu spät. Außerdem kannst du sowieso noch nichts Rechtes mit den paar Flocken anfangen", sagt die Mutter. „Du gehst jetzt erst einmal ins Bett und morgen früh sehen wir weiter."

Also geht Patrick zu Bett, aber er kann vor Aufregung lange nicht einschlafen. Immer wieder steht er auf und rennt an sein Fenster, um zu sehen, ob es tatsächlich noch schneit. Und als er dann endlich eingeschlafen ist, träumt er von Riesen – Schneemännern und langen Schlittenabfahrten. Als er am nächsten Morgen aufwacht und aus dem Fenster schaut, glaubt er immer noch zu träumen. Alles ist weiß. Nicht bloß überpudert, sondern draußen liegt richtig Schnee. Schnee zum Schneemann bauen, Schnee zum Schlittenfahren und Schnee für Schneeballschlachten – jede Menge Schnee.

„Danke, liebes Christkind", murmelt Patrick.

Eine Sorge hat er allerdings noch: „Du, Mama, bekomme ich jetzt wirklich kein einziges Geschenk vom Christkind?"

„Mal sehen", meint die Mama und lächelt.

Carola Hoffmann

20

Das Märchen
vom ersten Schnee

Es war einmal ein Märchen. In diesem Märchen kam ein König vor, der wohnte in einem Schloss. Der König hatte eine Tochter, die sehr hübsch war. Sie hatte lustige blonde Locken, ein freundliches Gesicht und sie trug wunderschöne Kleider, so wie es sich für eine Märchenprinzessin gehört.

Natürlich kamen viele junge Prinzen aus der Nachbarschaft und hielten um ihre Hand an.

Als sie sich wieder einmal im Schloss versammelt hatten, sprach die Prinzessin zu ihnen: „Ich werde denjenigen unter euch erwählen, dem es gelingt, den Regen abzustellen."

„Den Regen?", fragten die Prinzen verwundert.

„Jawohl, den Regen", antwortete die Prinzessin. „Ich hasse den Regen! Er macht meine wunderschönen Kleider nass und lässt meine Locken traurig herunterhängen. Er macht mich hässlich und eine Märchenprinzessin darf nicht hässlich sein!"

Einer von den Prinzen, der dies hörte, beschloss sich gleich auf den Weg zu machen, um der armen Prinzessin zu helfen. Er sattelte sein Pferd und ritt auf dem nächsten Regenbogen, den er fand, geradewegs zum Himmel empor. Bis zum Haus des Regenmachers. Der Prinz klopfte an und der Regenmacher öffnete ihm.

„Guten Tag", sagte der Prinz, „ich bin gekommen, um dich zu fragen, ob du nicht den Regen abstellen kannst. Er macht die arme Prinzessin so hässlich."

„Abstellen kann ich den Regen nicht", erklärte der Regenmacher, „die Bäume und die Blumen brauchen ihn. Aber vielleicht kann ich den Regen etwas verändern, sodass er die Prinzessin nicht mehr hässlich macht. Dazu brauche ich aber deine Hilfe."

Der Prinz musste ihm versprechen die Prinzessin nach draußen zu führen, sobald der erste kalte Wintertag angebrochen war.

Es vergingen viele Wochen, und als es zum ersten Mal so richtig frostig kalt war, löste der Prinz sein Versprechen ein.

Die Prinzessin trippelte neben ihm durch den Schlosspark. Sie fror fürchterlich und hätte beinahe mit den Zähnen geklappert, aber so etwas tut eine Märchenprinzessin ja nicht.

Nach einer Weile sah die Prinzessin erschrocken zum Himmel hinauf. „Es regnet!", rief sie. „Ich hab einen Tropfen gespürt."

Es begann tatsächlich zu regnen, aber die Tropfen waren merkwürdig leicht. Es waren auch gar keine Regentropfen, die da vom Himmel fielen. Es waren lauter kleine Eisflöckchen!

Staunend standen beide da und betrachteten das Wunder: Weiße Regentropfen, die wie Watteflöckchen aussahen – so etwas hatte es noch nie gegeben!

Die Schneeflocken ließen sich auf den blonden Locken der Prinzessin nieder. Sie setzten sich auf ihr Kleid und ihre Schuhe. Ein paar Schneeflöckchen blieben an ihren langen Wimpern hängen und glitzerten dort, bis sie aufgetaut waren. Die Hauptsache aber war: Sie machten die Prinzessin wunderschön! Sogar der König war entzückt, als er seine Tochter so sah. Und als der Prinz erzählte, wie es zugegangen war, dass aus dem Regen Schnee wurde, beschloss die Prinzessin ihn zu heiraten. Der König freute sich, dass seine Tochter endlich gewählt hatte, und gab seinen Segen dazu.

Seht ihr, liebe Kinder, hätte unsere hübsche Märchenprinzessin damals nicht den eigenartigen Wunsch gehabt und hätte ihn der Prinz nicht erfüllt, so würden auch heute zur Weihnachtszeit noch keine Schneeflocken fallen.

Helga R. Rossmeisl

Erwartung

Die Kindlein sitzen im Zimmer –
Weihnachten ist nicht mehr weit –
bei traulichem Lampenschimmer
und jubeln: „Es schneit! Es schneit!"

Das leichte Flockengewimmel,
es schwebt durch die dämmernde Nacht
herunter vom hohen Himmel,
vorüber am Fenster so sacht.

Und wo ein Flöckchen im Tanze
den Scheiben vorüberschweift,
da flimmert's in silbernem Glanze,
vom Lichte der Lampe bestreift.

Die Kindlein sehn's mit Frohlocken.
Sie drängen ans Fenster sich dicht.
Sie verfolgen die silbernen Flocken …
Die Mutter lächelt und spricht:

„Wisst, Kinder, die Engelein schneidern
im Himmel jetzt früh und spät.
An Puppendecken und Kleidern
wird auf Weihnachten genäht.

Da fällt von Säckchen und Röckchen
manch silberner Flitter beiseit',
vom Bettchen manch Federflöckchen.
Auf Erden sagt man: Es schneit!

Und seid ihr recht lieb und vernünftig,
ist manches für euch auch bestellt.
Wer weiß, was Schönes euch künftig
vom Tische der Engelein fällt!"

Die Mutter spricht's. Vor Entzücken
den Kleinen das Herze da lacht.
Sie träumen mit seligen Blicken
hinaus in die zaub'rische Nacht.

Karl Gerok

Der Bratapfel

Ihr Kinder, kommt und ratet,
was im Ofen bratet!
Hört, wie es knallt und zischt!
Bald wird er aufgetischt.
Der Zipfel, der Zapfel,
der Kipfel, der Kapfel,
der gelbrote Apfel.

Ihr Kinder, laufet schneller!
Holt Euch einen Teller!
Holt eine Gabel!
Sperrt auf den Schnabel
für den Zipfel, den Zapfel,
den Kipfel, den Kapfel,
den goldbraunen Apfel.

Sie pusten und prusten,
sie gucken und schlucken,
schnalzen und schmecken,
lecken und schlecken
den Zipfel, den Zapfel,
den Kipfel, den Kapfel,
den knusprigen Apfel.

Fritz Kögel

Die süße Straße

Einmal im Winter transportierte ein Lastwagen einen Tank, der mit flüssiger Schokolade gefüllt war. Auf der Straße war es aber eisglatt. Der Tanker geriet ins Schleudern und kippte um. Der Behälter platzte auf und die flüssige Schokolade ergoss sich auf die Fahrbahn. Da es aber eisig kalt war, gefror die süße Masse sofort. Die Straße musste von der Polizei gesperrt werden. Die Leute, besonders die Kinder, eilten neugierig herbei, und nach kurzem Zögern begannen sie, die Schokolade von der Straße zu hacken. Einen Teil vernaschten sie an Ort und Stelle, mit dem Rest stopften sie sich die Taschen voll. Später kam ein Schneepflug von der Firma Heinz Himmel, der die Reste wegschob.

Aber wohin brachte er sie?

Manche Zuschauer vermuteten, der Fahrer würde sie seinen Kindern bringen oder sich selbst einen Vorrat davon anlegen. Ein kleiner Junge aber deutete auf das Firmenschild mit dem Aufdruck „Heinz Himmel" und meinte: „Der bringt die Schokolade sicher zum Christkind, das sich dann daraus von den Weihnachtsenglein Schokoplätzchen machen lässt."

Alfons Schweiggert

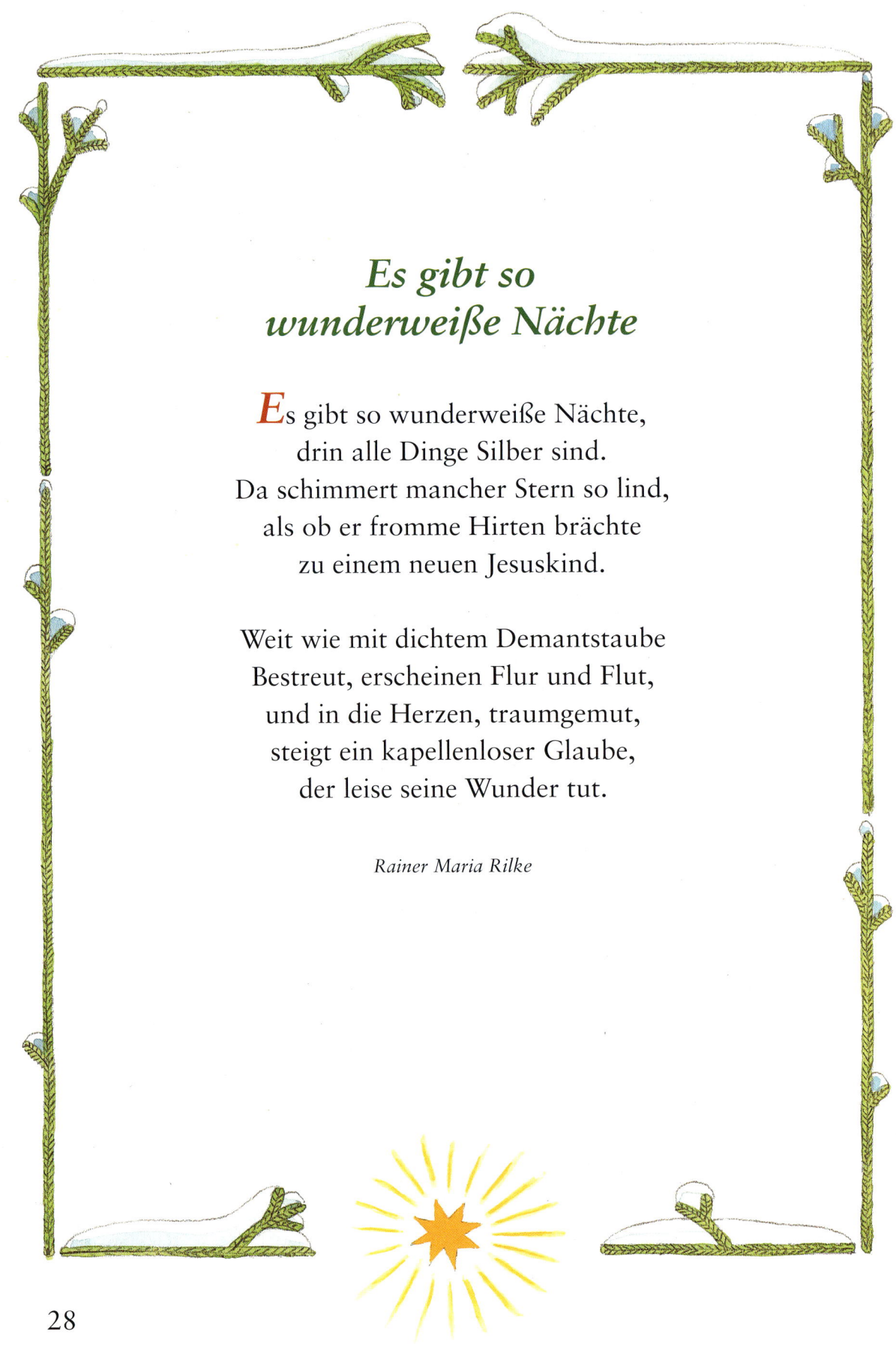

Es gibt so
wunderweiße Nächte

Es gibt so wunderweiße Nächte,
    drin alle Dinge Silber sind.
Da schimmert mancher Stern so lind,
als ob er fromme Hirten brächte
    zu einem neuen Jesuskind.

Weit wie mit dichtem Demantstaube
Bestreut, erscheinen Flur und Flut,
und in die Herzen, traumgemut,
steigt ein kapellenloser Glaube,
    der leise seine Wunder tut.

Rainer Maria Rilke

Der Schneemann

„Es kracht und knackt in mir, so wunderbar kalt ist es!", sagte der Schneemann. „Der Wind kann wirklich schneiden, sodass man davon lebendig wird! Und wie die Gafferin da gafft!" Es war die Sonne, die er meinte; sie war gerade im Begriff unterzugehen. „Sie wird mich nicht dazu bringen, dass ich blinzle. Ich werde die Brocken schon noch festhalten."

Es waren zwei große, dreieckige Ziegelsteinbrocken, die er als Augen hatte; der Mund war ein Stück von einer alten Harke, darum hatte er Zähne. Er war unter Hurrarufen von den Jungen in die Welt gesetzt, vom Schellenklang und Peitschenknallen der Schlitten begrüßt worden. Die Sonne ging unter, der Vollmond ging auf, rund und groß, hell und herrlich in der blauen Luft.

„Da hätten wir sie aus einer anderen Ecke wieder", sagte der Schneemann. Er meinte, es wäre die Sonne, die wieder zum Vorschein käme. „Ich habe ihr das Gaffen abgewöhnt! Nun mag sie da hängen und leuchten, da kann ich mich selber sehen. Wüsste ich nur, wie man es anstellt, sich weiterzubewegen! Ich möchte mich so gern weiterbewegen! Wenn ich das könnte, würde ich jetzt aufs Eis hinunterlaufen und schlittern, wie ich es von den Jungen gesehen habe; aber ich weiß nicht, wie man läuft."

„Weg! weg!", kläffte der alte Kettenhund; er war ein bisschen heißer, das war er schon, als er noch Stubenhund gewesen war und unterm Ofen lag. „Die Sonne wird dir das Laufen schon beibringen! Das hab ich bei deinem Vorgänger im vorigen Jahr gesehen und bei seinem Vorgänger: Weg! weg! und weg sind sie alle."

„Ich versteh ihn nicht", sagte der Schneemann, „aber ich habe das Gefühl, als wäre es etwas Unangenehmes, was er sagt. Die da vorhin gaffte und unterging und die er die Sonne nennt, die ist auch nicht meine Freundin, das habe ich im Gefühl."

„Es ist tatsächlich sehr wenig, was man so weiß, wenn man von gestern ist; das merke ich an dir", sagte der Kettenhund. „Ich habe Alter und Kenntnisse, ich kenne alle hier im Haus! Und ich habe eine Zeit gekannt, da lag ich nicht hier in der Kälte und an der Kette; weg! weg!"

„Die Kälte ist schön!", sagte der Schneemann.

„Erzähle, erzähle! Aber du darfst nicht mit der Kette rasseln, dann knackt es nämlich in mir."

„Weg! weg!", kläffte der Kettenhund. „Ein Welp bin ich gewesen; klein und niedlich, sagte man, da lag ich dort in dem Haus auf einem Plüschsessel, lag auf dem Schoß der höchsten Herrschaft, wurde auf die Schnauze geküsst und meine Pfoten wurden mit einem gestickten Taschentuch abgewischt; ich hieß der Süßeste, Wackelbeinchen, aber dann wurde ich ihnen zu groß; da verschenkten sie mich an die Haushälterin; ich kam in den Keller hinunter! Du kannst von dem Platz, wo du stehst, da reingucken, du kannst in die Kammer gucken, wo ich Herrschaft gewesen bin; das war ich nämlich bei der Haushälterin. Es war allerdings ein schlechterer Ort als oben, aber hier war es angenehmer; ich wurde nicht von Kindern gedrückt und herumgeschleppt wie oben. Ich hatte ebenso gutes Futter wie früher und viel mehr! Ich hatte mein eigenes Kissen und dann war da ein Ofen, der ist um diese Zeit das Schönste auf der Welt! Ich kroch darunter, sodass ich ganz weg war. Oh, von diesem Ofen träume ich noch heute; weg! weg!"

„Sieht ein Ofen so schön aus?", fragte der Schneemann. „Sieht er mir ähnlich?"

„Der ist genau das Gegenteil von dir! Kohlschwarz ist er! Hat einen langen Hals mit Messingtrommel. Der frisst Holz, sodass ihm das Feuer aus dem Maul sprüht. Man muss dicht bei ihm bleiben, ganz dicht bei ihm und unter ihm, das ist eine große Annehmlichkeit! Du musst ihn durchs Fenster sehen können, von dem Platz, wo du stehst!"

Und der Schneemann guckte, und tatsächlich sah er einen schwarz polierten Gegenstand mit Messingtrommel; das Feuer glänzte unten heraus. Dem Schneemann ward es ganz sonderbar zu Mute; er hatte eine Empfindung, über die er sich selber keine Rechenschaft ablegen konnte; es kam etwas über ihn, was er nicht kannte, was aber alle Menschen kennen, sofern sie nicht Schneemänner sind.

„Und weshalb hast du sie verlassen?", sagte der Schneemann. Er fühlte, es musste ein weibliches Wesen sein. „Wie konntest du einen solchen Ort verlassen?"

„Dazu war ich wohl gezwungen", sagte der Kettenhund, „sie haben mich rausgeschmissen und legten mich hier an die Kette. Ich habe den jüngsten jungen Herrn ins Bein gebissen, er stieß nämlich den Knochen weg, an dem ich nagte; und Bein um Bein, denke ich! Das haben sie aber übel genommen und seit der Zeit liege ich an der Kette und habe meine klare Stimme eingebüßt, hör doch, wie heiser ich bin: weg! weg! da war's dann aus."

Der Schneemann hörte nicht mehr zu; er schaute noch immer in das Kellergeschoss zu der Haushälterin hinein, bis in die Stube, wo der Ofen auf seinen vier eisernen Beinen stand und so groß wirkte wie der Schneemann selber.

„Es knarrt so sonderbar in mir", sagte er. „Ob ich denn nie da hineinkommen kann? Es ist ein harmloser Wunsch und unsere harmlosen Wünsche müssten doch eigentlich erfüllt werden. Es ist mein höchster Wunsch, mein einziger Wunsch und es wäre fast ungerecht, wenn er nicht befriedigt werden würde. Ich muss hinein, ich muss mich an ihn anlehnen, und wenn ich auch das Fenster einschlagen sollte."

„Da kommst du nie hinein", sagte der Kettenhund, „und kommst du an den Ofen, dann bist du weg! weg!"

„Ich bin so gut wie weg", sagte der Schneemann, „ich glaube, ich breche entzwei!"

Den ganzen Tag über stand der Schneemann da und schaute durchs Fenster; in der Dämmerstunde sah die Stube noch einladender aus;

vom Ofen glänzte es so freundlich, wie nicht einmal der Mond glänzt und auch die Sonne nicht, nein, wie nur der Ofen glänzen kann, wenn etwas in ihm ist! Sobald die Tür aufging, züngelte die Flamme heraus, das war eine Angewohnheit bei ihm; es glühte ordentlich rot in des Schneemanns weißem Gesicht, es leuchtete rot auf seiner Brust.

„Ich kann es nicht aushalten", sagte er. „Wie gut es ihr steht, wenn sie die Zunge heraus- streckt!"

Die Nacht war sehr lang, aber nicht für den Schneemann, er stand in seine eigenen schönen Gedanken versunken, und die froren, dass sie ächzten. Am nächsten Morgen waren die Kellerfenster zugefroren, sie trugen die schönsten Eisblu- men, die ein Schnee- mann nur verlangen konnte, aber sie verbargen den Ofen. Die Scheiben wollten nicht auftauen, er konnte ihn nicht sehen. Es ächzte, es knirschte, es war ganz ein Frostwetter, wie es einem Schneemann Freude machen musste, aber er war nicht froh; er hätte sich so glücklich fühlen müssen und können, aber er war nicht glücklich, er hatte Ofensehnsucht.

„Das ist für einen Schneemann eine böse Seuche", sagte der Kettenhund, „ich habe diese Seuche auch ein wenig, aber ich habe sie überstanden; weg! weg! – jetzt kriegen wir Witterungsumschlag."
Und es kam ein Witterungsumschlag, es kam Tauwetter. Das Tauwetter nahm zu, der Schneemann nahm ab. Er sagte nichts, er klagte
nicht, und das ist das richtige Zeichen.
Eines Morgens stürzte er zusammen. Dort, wo er gestanden hatte,
stak so etwas wie ein Besenstiel, um den herum hatten die Jungen ihn
aufgebaut.
„Jetzt kann ich das mit seiner Sehnsucht verstehen", sagte der Kettenhund, „der Schneemann hat einen Schürhaken im Leibe gehabt; und
der war es, der den Aufruhr in ihm verursacht hat, jetzt ist es überstanden; weg! weg!"
Und bald war auch der Winter überstanden … Dann denkt keiner
mehr an den Schneemann.

Hans Christian Andersen

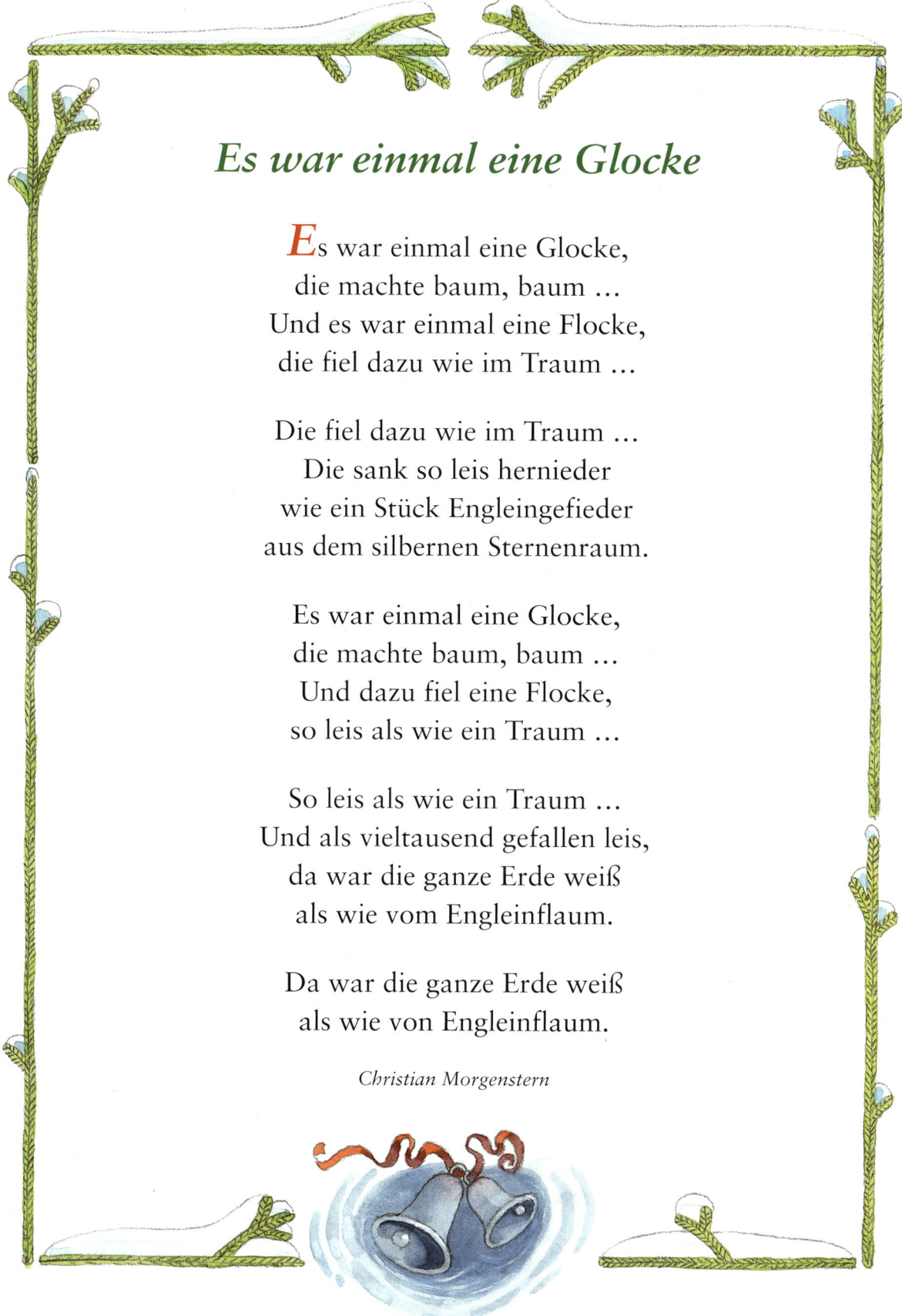

Es war einmal eine Glocke

Es war einmal eine Glocke,
die machte baum, baum …
Und es war einmal eine Flocke,
die fiel dazu wie im Traum …

Die fiel dazu wie im Traum …
Die sank so leis hernieder
wie ein Stück Engleingefieder
aus dem silbernen Sternenraum.

Es war einmal eine Glocke,
die machte baum, baum …
Und dazu fiel eine Flocke,
so leis als wie ein Traum …

So leis als wie ein Traum …
Und als vieltausend gefallen leis,
da war die ganze Erde weiß
als wie vom Engleinflaum.

Da war die ganze Erde weiß
als wie von Engleinflaum.

Christian Morgenstern

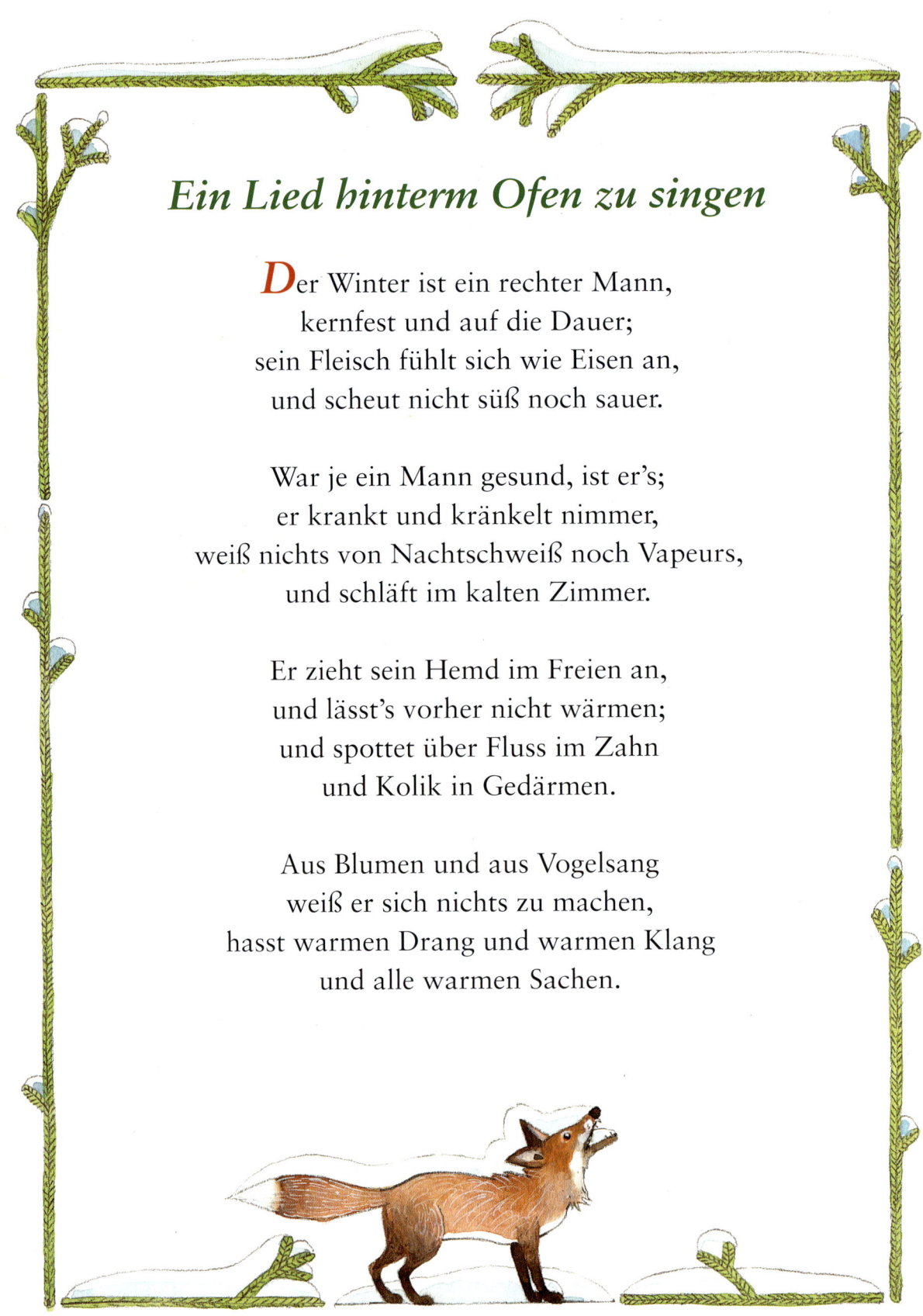

Ein Lied hinterm Ofen zu singen

Der Winter ist ein rechter Mann,
kernfest und auf die Dauer;
sein Fleisch fühlt sich wie Eisen an,
und scheut nicht süß noch sauer.

War je ein Mann gesund, ist er's;
er krankt und kränkelt nimmer,
weiß nichts von Nachtschweiß noch Vapeurs,
und schläft im kalten Zimmer.

Er zieht sein Hemd im Freien an,
und lässt's vorher nicht wärmen;
und spottet über Fluss im Zahn
und Kolik in Gedärmen.

Aus Blumen und aus Vogelsang
weiß er sich nichts zu machen,
hasst warmen Drang und warmen Klang
und alle warmen Sachen.

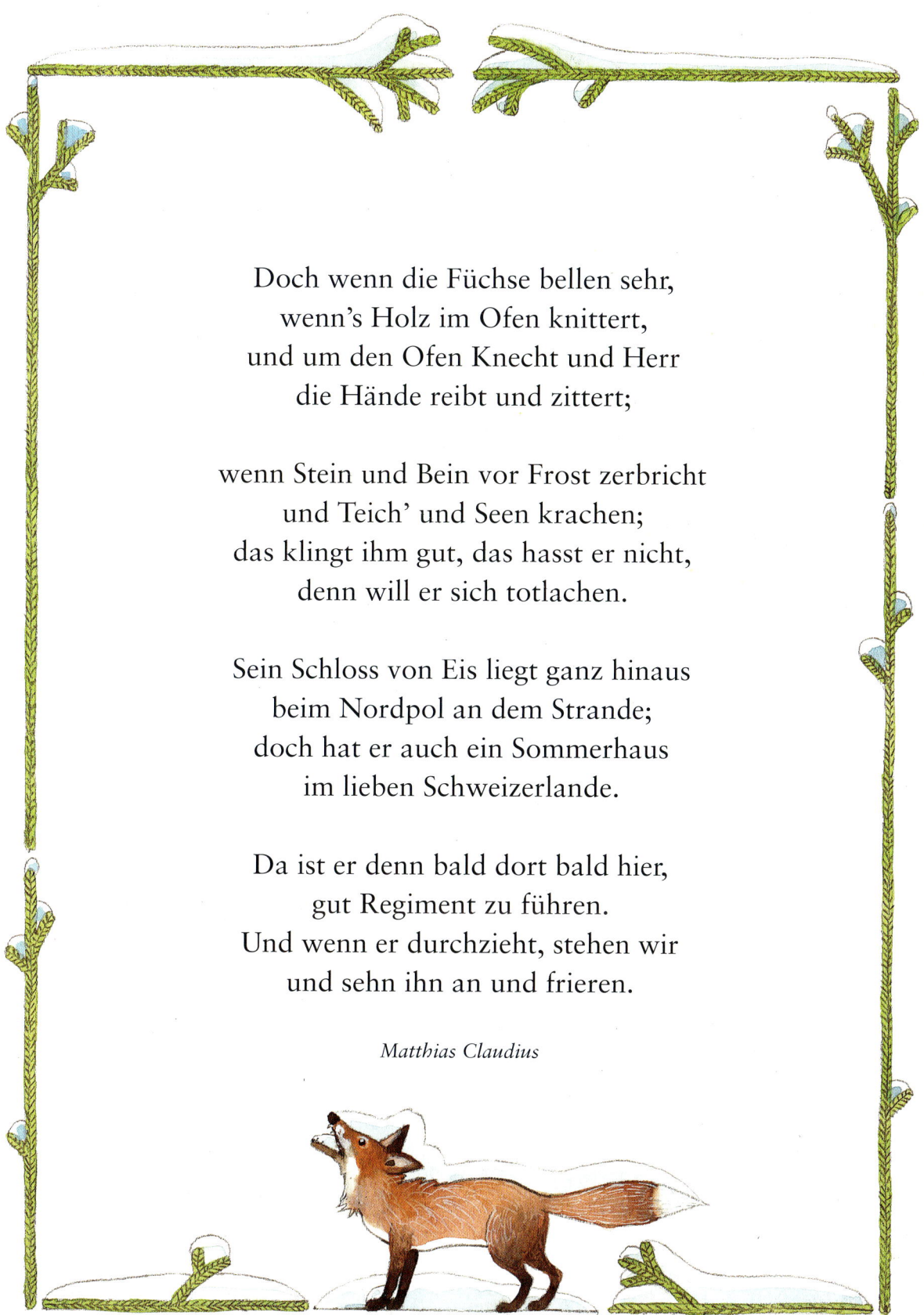

Doch wenn die Füchse bellen sehr,
wenn's Holz im Ofen knittert,
und um den Ofen Knecht und Herr
die Hände reibt und zittert;

wenn Stein und Bein vor Frost zerbricht
und Teich' und Seen krachen;
das klingt ihm gut, das hasst er nicht,
denn will er sich totlachen.

Sein Schloss von Eis liegt ganz hinaus
beim Nordpol an dem Strande;
doch hat er auch ein Sommerhaus
im lieben Schweizerlande.

Da ist er denn bald dort bald hier,
gut Regiment zu führen.
Und wenn er durchzieht, stehen wir
und sehn ihn an und frieren.

Matthias Claudius

Kapitel II

Lieber guter Nikolaus

Der beschenkte Nikolaus

Einmal kam der heilige Nikolaus am sechsten Dezember zum kleinen Klaus. Er fragte ihn: „Bist du im letzten Jahr auch brav gewesen?"

Klaus antwortete: „Ja, fast immer."

Der Nikolaus fragte: „Kannst du mir auch ein schönes Gedicht aufsagen?"

„Ja", sagte Klaus. „Lieber, guter Nikolaus, du bist jetzt bei mir zu Haus, bitte leer die Taschen aus, dann lass ich dich auch wieder raus."

Der Nikolaus sagte: „Das hast du schön gemacht." Er schenkte dem Klaus Äpfel, Nüsse, Mandarinen und Plätzchen.

„Danke", sagte Klaus.

„Auf Wiedersehen", sagte der Nikolaus. Er drehte sich um und wollte gehen. „Halt", rief Klaus.

Der Nikolaus schaute sich erstaunt um. „Was ist?", fragte er.

Da sagte Klaus: „Und was ist mit dir? Warst du im letzten Jahr auch brav?" „So ziemlich", antwortete der Nikolaus.

Da fragte Klaus: „Kannst du mir auch ein schönes Gedicht aufsagen?"

„Ja", sagte der Nikolaus. „Liebes, gutes, braves Kind, draußen geht ein kalter Wind, koch mir einen Tee geschwind, dass ich gut nach Hause find."

„Wird gemacht", sagte Klaus. Er kochte dem Nikolaus einen heißen Tee. Der Nikolaus schlürfte ihn und aß dazu Plätzchen. Da wurde ihm schön warm. Als er fertig war, stand er auf und ging zur Türe.

„Danke für den Tee", sagte er freundlich.

„Bitte, gerne geschehen", sagte Klaus. „Und komm auch nächstes Jahr vorbei, dann beschenken wir uns wieder."

„Natürlich, kleiner Nikolaus", sagte der große Nikolaus und ging hinaus in die kalte Nacht.

Alfons Schweiggert

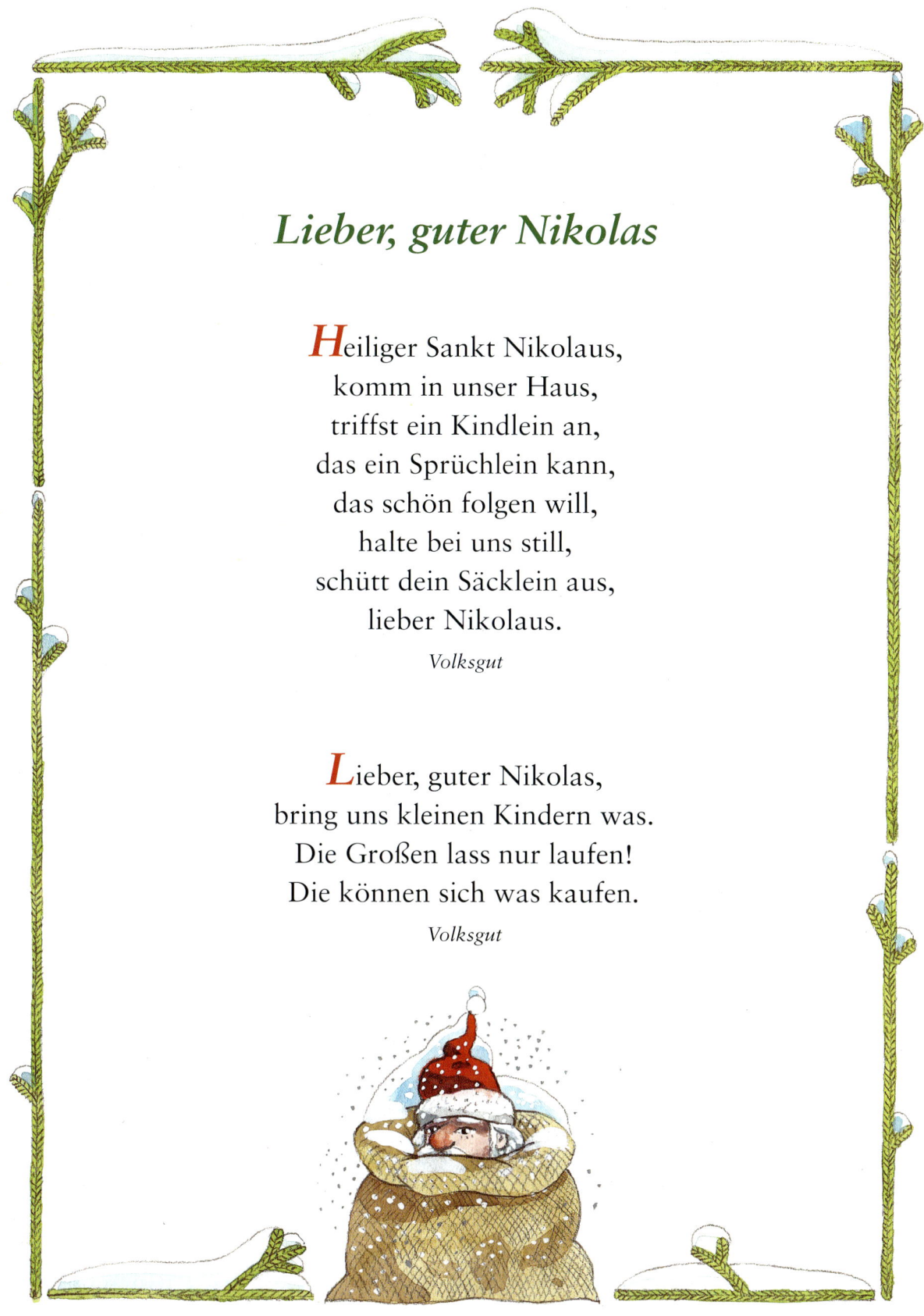

Lieber, guter Nikolas

Heiliger Sankt Nikolaus,
komm in unser Haus,
triffst ein Kindlein an,
das ein Sprüchlein kann,
das schön folgen will,
halte bei uns still,
schütt dein Säcklein aus,
lieber Nikolaus.

Volksgut

Lieber, guter Nikolas,
bring uns kleinen Kindern was.
Die Großen lass nur laufen!
Die können sich was kaufen.

Volksgut

Das goldene Buch

Es ist schon eine ganze Weile her, da freuten sich die Kinder überhaupt nicht auf den Nikolaus, denn er brachte keine Geschenke mit.

Stattdessen las er nur aus seinem strengen goldenem Buch vor: „Du hast im März einer alten Frau das Bein gestellt, im August hast du deinen besten Freund angelogen und vorgestern hast du deinem Bruder Popel in die Milch geworfen!" Solche und andere Geschichten über ihre schlechten Taten mussten sich die Kinder anhören – ausgerechnet in der Weihnachtszeit, der Zeit der Liebe!

Als Belohnung für die guten Taten aber streichelte Nikolaus den Kleinen nur über die Haare. Das war's dann schon und mit leeren Händen und einem schlechten Gewissen blieben die Kleinen zurück.

Braver wurden die Kinder im nächsten Jahr von der Strafpredigt natürlich nicht. Man kann sich vorstellen, dass der Nikolaus bei den Kindern nicht besonders beliebt war.

Eines Jahres, am Abend vor dem sechsten Dezember, spazierte Nikolaus an einem Spielzeuggeschäft vorbei.

„Herr Nikolaus!", rief ihm der Händler, in der Tür lehnend, nach, „ihr schaut so niedergedrückt aus."

„Ach, die Kinder freuen sich überhaupt nicht auf mich, irgend etwas mache ich falsch …", sagte der alte Mann mit der großen, roten Bischofsmütze.

„Das ist meine Chance!", dachte sich der clevere Geschäftsmann. Er setzte sein liebstes Weihnachtsgesicht auf: „Ha, wie wär's mit ein paar Geschenklein? Die kommen bei den Kleinen immer gut an! Kommen Sie, Sie brauchen auch nichts zu bezahlen, es ist ja für einen guten Zweck."

Aus der Ecke seines Geschäfts holte der Händler einen alten Sack und füllte ihn mit lauter kleinen Büchern, Püppchen und Bärchen.

„Der gute Zweck bin ich!", lachte er sich heimlich ins Fäustchen, als er dem Nikolaus den Sack gab.

Dieser Nikolaustag brachte fröhliche Kinder hervor. Endlich bekamen sie auch mal eine Belohnung für die vielen guten Dinge, die sie das ganze Jahr über getan hatten. Schließlich sind ja alle Kinder die meiste Zeit brav! Auch im nächsten Jahr gab der Spielzeughändler dem Nikolaus wieder einen ganzen Sack voller Geschenke mit.

Als Nikolaus im übernächsten Jahr wieder zu dem Spielzeuggeschäft ging, rief ihm der Händler schon von weitem entgegen: „Willst du wieder Geschenke holen?"

„Ja bitte, die Kinder freuen sich schon darauf."

Zufrieden hob der Krämer die Nase und dachte: „Genau das hab' ich gewollt, dass die Kinder jetzt auf die Geschenklein warten."

Dem Nikolaus schnodderte er entgegen: „Ich bin doch kein Wohltätigkeitsverein. Sollen die Eltern doch die Geschenke kaufen! Und jetzt scher' dich davon, alter Mann, sonst ziehe ich dir eins mit meinem Besen über."

Der Nikolaus verschwand. Mit hämischen Gelächter schloss der Spielzeughändler sein Geschäft ab.

Als er am nächsten Morgen den Laden wieder aufschloss, stand der Nikolaus still davor: „Was willst du schon wieder hier?!", fuchtelte der Spielzeughändler mit der Faust. Der Nikolaus hatte sein strenges goldenes Buch dabei. Feierlich öffnete er es und begann zu lesen:

„Im Januar habt ihr 22 Mal Kunden um ihr Geld betrogen, im Februar habt ihr eine Verkäuferin, die schon lange im Geschäft arbeitete, entlassen, weil sie euch zu alt …"

„Ist ja gut, schsch, nicht so laut", sagte der Mann, „komm' erst einmal mit ins Geschäft, dort können wir alles besprechen!", heuchelte er und dachte sich: „Na warte, du alter Sack, dir werd' ich's zeigen!"

Der Nikolaus aber lächelte friedlich und im Ton unendlicher Güte las

44

er die Schandtaten des Händlers noch lauter vor, schon drehten sich die ersten Vorübergehenden um. Jeden einzelnen Monat im ganzen Jahr hatte der Ladenbesitzer mindestens eine Missetat begangen. Die Stimme des Nikolaus wurde mit jeden Monat, den er vorlas, lauter. Eine Menschenmenge begann um ihn zu wachsen, doch da kam der Spielzeugverkäufer schon mit einem Riesensack an Spielzeug aus seinem Geschäft hinausgestürmt und stellte ihn mit flehentlichen Blick vor den Nikolaus. Der nickte: „Es freut mich, dass du auch in diesem Jahr wieder Geschenke für die Kinder spendest."

Er klappte sein strenges goldenes Buch zu und drehte sich zu dem Pulk Menschen herum. Lächelnd erklärte er: „Ich bin mir sicher, dass dieser Mann hier im nächsten Jahr keine Schandtat begehen und stets ehrlich sein wird. Ja, er wird bestimmt auch nächstes Jahr für den sechsten Dezember wieder viele Geschenklein bereit halten!"

Der Geschäftsmann stotterte mit hochrotem Kopf: „A-a-aber natürlich!"

Die Menschenmenge klatschte begeistert. So kam es, dass zum ersten und letzten Mal das strenge goldene Buch den Kindern am Nikolaustag wirklich zu etwas Nütze war.

Stephan Geesing

Knecht Ruprecht

Von drauß', vom Walde komm ich her,
ich muss euch sagen, es weihnachtet sehr!
Allüberall auf den Tannenspitzen
sah ich goldene Lichtlein blitzen
und droben aus dem Himmelstor
sah mit großen Augen das Christkind hervor.
Und wie ich so strolcht' durch den finsteren Tann,
da rief's mich mit heller Stimme an:
„Knecht Ruprecht", rief es „alter Gesell,
hebe die Beine und spute dich schnell!
Die Kerzen fangen zu brennen an,
das Himmelstor ist aufgetan,
alt und jung sollen nun
von der Jagd des Lebens einmal ruhn.
Und morgen flieg ich hinab zur Erden,
denn es soll wieder Weihnachten werden!"
Ich sprach: „O lieber Herre Christ,
meine Reise fast zu Ende ist.
Ich soll nur noch in diese Stadt,
wo's eitel gute Kinder hat."
„Hast denn das Säcklein auch bei dir?"
Ich sprach: „Das Säcklein, das ist hier,
denn Äpfel, Nuss und Mandelkern
essen fromme Kinder gern."
„Hast denn die Rute auch bei dir?"
Ich sprach: „Die Rute, die ist hier.
Doch für die Kinder nur, die schlechten,

die trifft sie auf den Teil, den rechten!"
Christkindlein sprach: „So ist es recht,
so geh mit Gott, mein treuer Knecht!"
Von drauß', vom Walde komm' ich her.
Ich muss euch sagen, es weihnachtet sehr!
Nun sprecht, wie ich's hierinnen find'!
Sind's gute Kind', sind's böse Kind'!

Theodor Storm

Knecht Ruprecht

Draußen weht es bitterkalt,
wer kommt da durch den Winterwald?
Stipp-stapp, stipp-stapp und huckepack –
Knecht Ruprecht ist's mit seinem Sack.
Was ist denn in dem Sacke drin?
Äpfel, Mandel und Rosin'
und schöne Zuckerrosen,
auch Pfeffernüss' fürs gute Kind –
die andern, die nicht artig sind,
klopft er auf die Hosen.

Martin Boelitz

Echt lieb vom Nikolaus

Nina war ein süßes Mädchen, darin waren sich alle einig. Sie hatte langes, dunkelbraunes Haar, das meist zu einem frechen Pferdeschwanz zusammengebunden war, große, braune Augen und einen Charme, mit dem sie alle um den Finger wickelte. Die Schule bereitete ihr keine große Mühe, das konnte sie jetzt in der ersten Klasse voller Überzeugung behaupten. Tja, eigentlich hatte sie nur einen großen Fehler, der sie allerdings längst nicht so sehr störte wie ihre Mutter: Sie war, gelinde gesagt, etwas vergesslich, oder – wie ihre Mutter es auszudrücken pflegte – ziemlich schlampig.

Die schönen Farbstifte, die sie im Sommer zum Geburtstag bekommen hatte, ließ sie irgendwann im Garten liegen – und fand sie dann am nächsten Tag nicht wieder. Auch die hübschen Haarspangen mit der weißen Schleife, die Tante Beate bei ihrem letzten Besuch mitgebracht hatte, nahm sie irgendwo aus dem Haar – und vergaß sie dann, zumindest bis zum nächsten Morgen, als sie fieberhaft danach suchte. Ein ähnliches Schicksal ereilte die bunte Perlenkette, die Vater ihr von einer seiner Geschäftsreisen mitgebracht hatte.

„Nina, ich habe es wirklich satt, auf Schritt und Tritt über deine Sachen zu stolpern, die überall herumliegen", pflegte ihre Mutter zu schimpfen, doch auch das konnte Nina nicht dazu bringen, besser darauf aufzupassen. „Erst neulich habe ich deine goldene Kette mit dem Kreuzchen vor der Garage gefunden. Du hast sie nicht einmal vermisst!"

Nina war froh, dass Mama die wertvolle Kette, die Oma ihr zum Schulanfang geschenkt hatte, zufällig wieder gefunden hatte. Nicht, dass sie es nicht auch lästig gefunden hätte, ständig alles zu verlieren, es war nur so, dass sie immer so viele Dinge im Kopf hatte und so viele neue Ideen aussheckte, dass für praktische Überlegungen einfach kein Platz blieb.

Inzwischen war es Ende November. Draußen war es kalt und regnerisch, als Nina eines Mittags mit roten Wangen, aber ohne die neue lila Strickmütze nach Hause kam. Mutter bemerkte es sofort.

„Nina, wo bitte ist deine Mütze? Du hast sie doch nicht etwa wieder verschlampt?"

Nina fiel aus allen Wolken, doch der rasche Griff ins Haar bestätigte ihr, dass Mutter Recht hatte.

„Oh, die muss ich im Bus vergessen haben!", gestand sie verlegen.

„Ich werde den Busfahrer morgen Früh danach fragen."

Aber, wie nicht anders zu erwarten, war Nina am nächsten Morgen viel zu sehr in das Gespräch mit ihrer Freundin Julika vertieft, als dass sie an ihre Mütze gedacht hätte.

Natürlich war die Mutter alles andere als erfreut, als ihre Tochter auch am nächsten Tag ohne die neue Mütze nach Hause kam.

„Oh, Nina, was mache ich bloß noch mit dir? Ich kann dir sagen, was ich will, es geht bei dir zum einen Ohr hinein und zum anderen wieder hinaus!"

„Kunststück", mischte sich da der ältere Bruder Andreas ins Gespräch. „Ist ja auch nichts da, was es aufhalten könnte!"

Diese Bemerkung brachte ihm einen wütenden Fußtritt seiner kleinen Schwester und einen tadelnden Blick der Mutter ein. Kurz darauf war die Sache jedoch vergessen, denn Nina beschäftigte sich eingehend mit Gedanken an den Nikolaus, der in wenigen Tagen kommen sollte.

„Oh, Mami, ich bin schrecklich gespannt, was er mir dieses Jahr mitbringen wird", seufzte Nina sehnsüchtig. „Ob er meinen Wunschzettel mit dem Webkasten wohl bekommen hat?"

„Bekommen hat er ihn bestimmt", beruhigte sie die Mutter, „aber ob du dieses Jahr wirklich ein Geschenk verdient hast, weiß ich nicht so recht."

„Aber Mami", meinte Nina besänftigend und blickte ihre Mutter aus großen, unschuldigen Augen an.

Der ersehnte Nikolaustag war endlich da. Nina war den ganzen Tag über zappelig und ungeduldig und beim Abendessen brachte sie vor Aufregung kaum einen Bissen hinunter. Schließlich klingelte es und kurz darauf traten zwei große Männer ins Wohnzimmer: der heilige Nikolaus und Knecht Ruprecht.

Der Nikolaus war in ein rotes, langes Gewand gehüllt, Knecht Ruprecht trug eine braune Kutte und hatte einen großen Sack über der Schulter hängen. Nina sagte brav ihr Verslein auf und wartete gespannt auf ihr Geschenk. Doch zuerst war Andreas an der Reihe. Er erhielt das ersehnte Tierbuch und Nina wagte vor Spannung kaum zu atmen, als sich der Nikolaus mit tiefer Stimme erneut an Knecht Ruprecht wandte.

„Und nun, lieber Knecht Ruprecht, sieh doch einmal nach, was wir für die kleine Nina mitgebracht haben!"

Knecht Ruprecht griff in seinen großen Sack und förderte einen Beutel zu Tage, der mit einer hübschen roten Schleife zugebunden war.

Nina war enttäuscht. Das konnte unmöglich ein Webkasten sein! Mit flinken Fingern öffnete sie den Beutel und glaubte ihren Augen nicht trauen zu können. Vor ihr lagen all ihre verloren geglaubten Schätze: die beiden Haarspangen mit der weißen Schleife, die bunte Perlenkette, der Kasten mit den Farbstiften, ihre lila Strickmütze, die sie im Bus vergessen hatte, und noch einige Kleinigkeiten mehr, die sie im Laufe des Jahres irgendwo liegen gelassen hatte. Sie schluckte und wusste nicht so recht, ob sie sich freuen oder ärgern sollte.

„Liebe Nina", sagte der Nikolaus, als er ihren erstaunten Gesichtsausdruck sah, „ich muss wohl nicht viel dazu sagen. Ich hatte das ganze Jahr über meine liebe Mühe, all die Sachen einzusammeln, die du achtlos liegen lassen hast. Nun, ich hoffe, das wird dir eine Lehre sein."

Nina kaute nachdenklich auf ihrer Unterlippe. Doch der Nikolaus war noch nicht fertig. „Falls das im nächsten Jahr besser wird, kann ich dir deine Wünsche erfüllen, doch dieses Jahr war es mir leider nicht möglich. Als Knecht Ruprecht und ich heute Abend losgingen, war dieser Sack hier proppenvoll, da wir natürlich sehr, sehr viele Kinder besuchen müssen. Platz für einen Webrahmen hatten wir da beim besten Willen nicht mehr, nachdem wir dir schon diesen Beutel mit den verlorenen Sachen bringen mussten."

Ninas anfängliche Niedergeschlagenheit legte sich rasch wieder. Schließlich war es ja auch schön, die anderen Dinge wiederzuhaben. Sie legte sich Vaters Perlenkette um den Hals und beschloss sich zu bessern.

Und da sie sich bis Weihnachten wirklich fürchterlich anstrengte, war sie kein bisschen erstaunt, außer der neuen Puppe auch den heiß ersehnten Webrahmen unter dem Weihnachtsbaum zu finden.

„Finde ich echt lieb vom Nikolaus, dass er dem Christkind gleich den Webrahmen mitgegeben hat", strahlte sie zufrieden.

Anne Braun

Legende von der Entstehung des Nikolausfestes

Vor vielen, vielen hundert Jahren,
da lebte Nikolaus in einer Stadt
im Morgenland als Bischof,
in der es eine Hungersnot gegeben hat.

Die Menschen wurden schwach und fragten
den Bischof Nikolaus: „Was nun?"
Der sagte: „Bittet Gott um Hilfe.
Er wird für uns das Rechte tun."

Die Menschen beteten, und ein paar Tage später,
da sahn sie auf dem Meer ein Schiff sich nahn.
Es steuerte dem Land zu, warf den Anker
und legte in dem kleinen Hafen an.

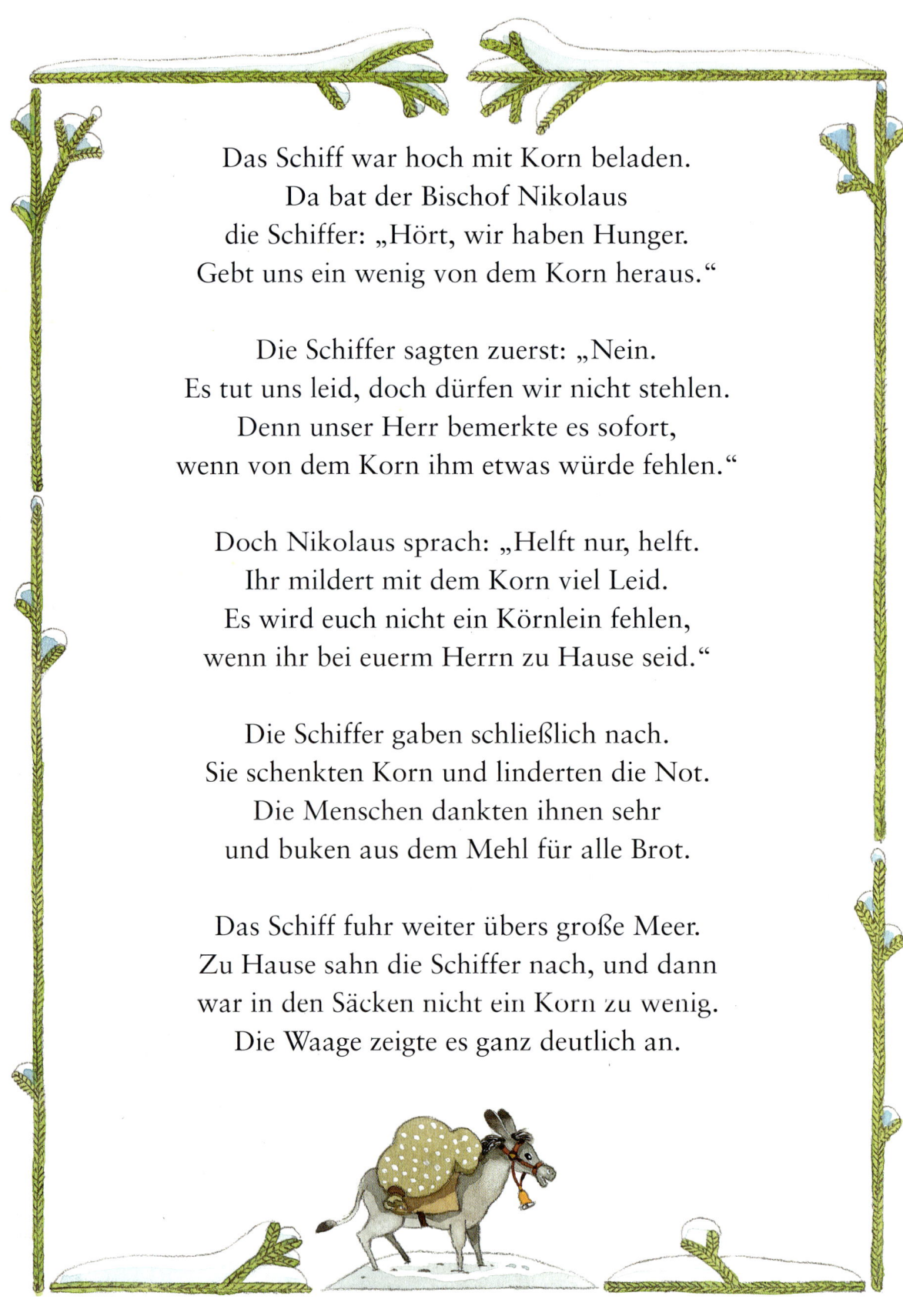

Das Schiff war hoch mit Korn beladen.
Da bat der Bischof Nikolaus
die Schiffer: „Hört, wir haben Hunger.
Gebt uns ein wenig von dem Korn heraus."

Die Schiffer sagten zuerst: „Nein.
Es tut uns leid, doch dürfen wir nicht stehlen.
Denn unser Herr bemerkte es sofort,
wenn von dem Korn ihm etwas würde fehlen."

Doch Nikolaus sprach: „Helft nur, helft.
Ihr mildert mit dem Korn viel Leid.
Es wird euch nicht ein Körnlein fehlen,
wenn ihr bei euerm Herrn zu Hause seid."

Die Schiffer gaben schließlich nach.
Sie schenkten Korn und linderten die Not.
Die Menschen dankten ihnen sehr
und buken aus dem Mehl für alle Brot.

Das Schiff fuhr weiter übers große Meer.
Zu Hause sahn die Schiffer nach, und dann
war in den Säcken nicht ein Korn zu wenig.
Die Waage zeigte es ganz deutlich an.

Die Schiffer staunten und erzählten allen,
was für die Hungernden der Bischof hat getan.
Und alle Menschen hier zu Lande denken
alljährlich am Nikolaustag daran.

Sie schenken ihren Kindern Leckereien
am 6.12., auf dem Dorf und in der Stadt,
weil Bischof Nikolaus vor vielen hundert Jahren
den Menschen Korn und damit Brot gegeben hat.

Wir wissen nicht, ob jene Schiffer wirklich glaubten,
was ihnen Bischof Nikolaus versprach.
Wir wissen auch nicht, ob sie Gott vertrauten,
doch waren ihre Herzen hilfsbereit und wach.

Und das genügt, um auch die Schiffer froh zu feiern,
das sollten wir am 6.12. gut bedenken
und noch eins:
Mehr noch als Geschenke zu bekommen
beglückt es, einen andern zu beschenken.

Alfons Schweiggert

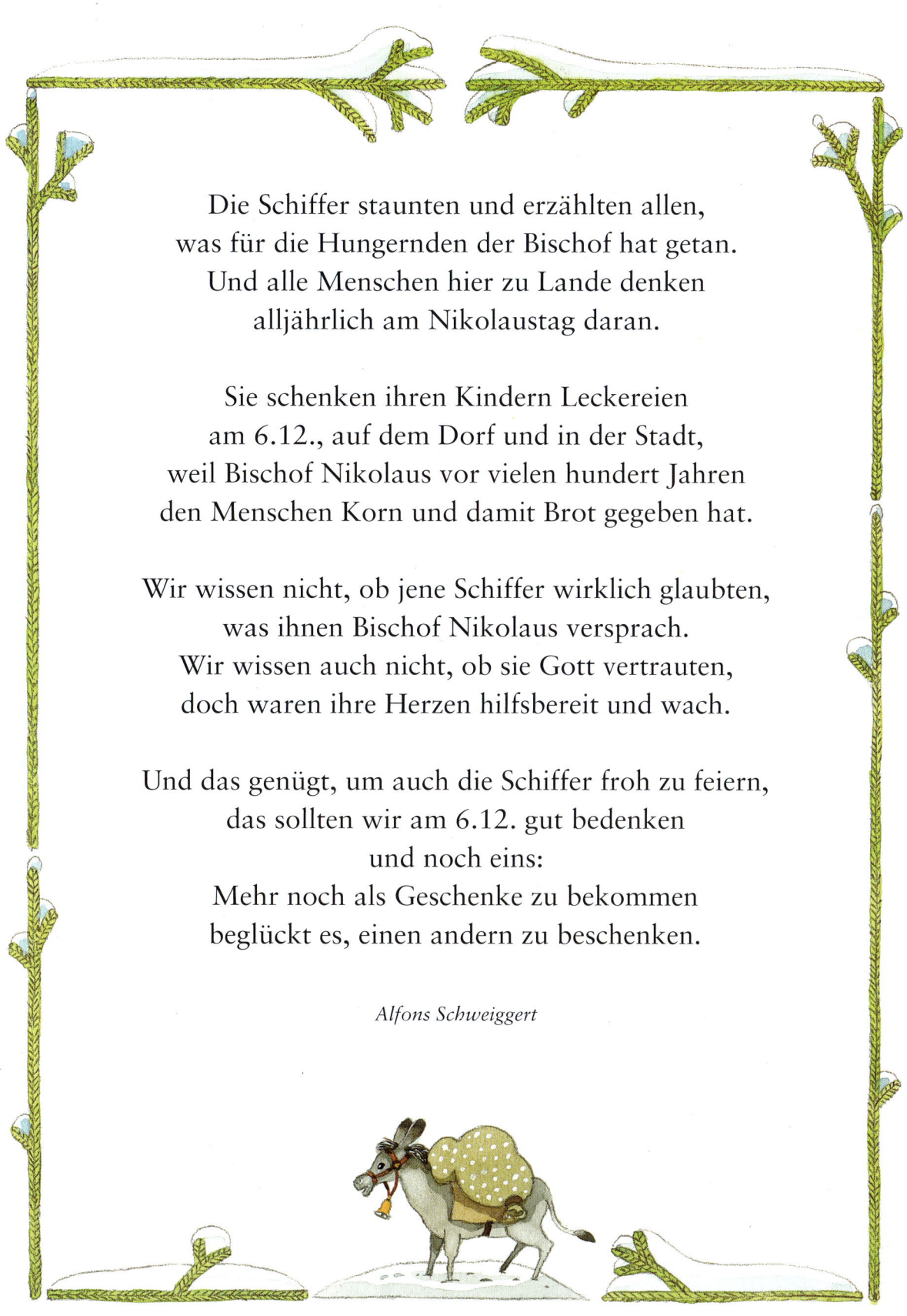

55

Kapitel III

Oh Tannenbaum, oh Tannenbaum

Der winzige Tannenbaum

*E*s war einmal ein winziger Tannenbaum. Der war so klein wie ein
Streichholz, nicht größer. Er hatte überhaupt keine Aussichten, ein
Christbaum zu werden. Alle großen Leute wollten nämlich große
Bäume, einen Meter fünfzig bis zwei Meter groß und keinen zünd-
holzkleinen Tannenbaum.

So stand nun die winzige Tanne auf dem Christbaummarkt und
wartete und wartete. Der Heilige Abend kam immer näher. Alle
großen Tannen um sie herum waren schon verkauft. Der Weihnachts-
baumverkäufer kehrte bereits alle abgebrochenen Zweige und Äste
zusammen, um sie in den Abfalleimer zu werfen. Gerade wollte er
auch den Tannenwinzling aufkehren. Da – sirr – zischte ein glüh-

würmchengroßes Englein vorbei, packte den kleinen Baum am Wipfel und – hui – war es mit ihm schon auf und davon.

Der funkengroße Engel flog von Haus zu Haus und blickte in die Zimmer, in denen schon überall prachtvoll aufgeputzt die großen Christbäume standen. Plötzlich flog er an einem dunklen Fenster vorbei. Als er genauer hineinblickte, sah er eine alte, kleine Frau am Tisch sitzen. Eine winzige Kerze brannte vor ihr. Dahinter stand eine winzige Krippe, geschnitzt aus Zündhölzern. Leise flog der Engel durchs Schlüsselloch ins Zimmer und stellte den streichholzgroßen Tannenbaum neben die Streichholzkrippe. Die Frau erschrak, als sie den Engel sah. Der aber sagte: „Fürchte dich nicht. Ich bringe dir nur diesen Christbaum.“

Dann sang er drei fröhliche Weihnachtslieder, funkte dreimal hell auf und flog durch das Schlüsselloch davon.

„So etwas“, murmelte die alte Frau, „das war die größte Weihnachtsüberraschung in meinem Leben.“

Und zärtlich strich sie dem winzigen Tannenbaum über seine winzigen Zweige.

Alfons Schweiggert

In letzter Minute

Eine Woche vor Weihnachten fragte Mama Papa, wann er endlich unseren Weihnachtsbaum kaufen wollte.

Papa sagte: „Einen Weihnachtsbaum kauft man immer im letzten Moment, am Heiligen Abend um ein Uhr nachmittags, weil die Weihnachtsbäume dann am billigsten sind.“

„Dann sind aber die schönsten Bäume schon weg. Was übrigbleibt, ist meistens nichts“, sagte Mama.

„Wenn man aber eine Nordmanntanne kauft, kriegt man immer etwas Schönes", meinte Papa. „Und das zum halben Preis. Hast du die Preise dieses Jahr gesehen? Unverschämt!"
So beschlossen die beiden, den Weihnachtsbaum im letzten Moment zu kaufen, wenn er am billigsten wäre.
Je näher Weihnachten rückte, desto unruhiger wurde meine Schwester Klara, weil die Bäume, die man vor ihrer Schule verkaufte, immer weniger wurden.
„Ich habe Angst", flüsterte sie mir zu, „dass es bald keine Bäume mehr gibt."
„Was sollen wir tun?"
„Fragen wir Mama!"
Mama meinte, es gäbe immer noch Bäume.
„Aber wenn nicht?", fragte Klara. „Was dann?"
„Dann muss Papa in den Wald gehen und dort einen Weihnachts-baum für uns schlagen."
Das beruhigte uns ein bisschen, aber nicht ganz. Je näher der Heilige Abend rückte, desto öfter fragten ich und meine Schwester Klara die Kinder in unserer Straße:
„Habt ihr schon einen Weihnachtsbaum?"
Einen Tag vor Heiligabend hatten alle schon einen, – nur wir nicht.
Aber wir hatten viele Strohsterne gebastelt und wir hatten auch zwei Engel, die Klara aus der Schule mitgebracht hatte. Sie sagte, sie habe sie selbst mit einer Schere aus Goldpapier ausgeschnitten. Ich versuchte auch einen Engel aus Goldpapier auszuschneiden, aber es ging nicht. In der Schule hatten sie sicher andere Scheren.
„Wir haben so schöne Sachen", sagte Klara. „Jetzt brauchen wir nur den Baum."
Aber wir hatten noch keinen Baum. Das war sehr traurig.
Morgens am Heiligen Abend sagte Mama zu Papa:
„Bitte, bring den Baum so früh wie möglich."
„Um zwei bin ich zu Hause", versprach Papa und fuhr weg.

60

Ich und Klara warteten zu Hause. Mit uns wartete Mama und schaute von Zeit zu Zeit erwartungsvoll durch das Fenster. Auch der Dackel Schnuffi wartete und bellte von Zeit zu Zeit. Es wurde ein Uhr, dann zwei, dann drei. Hinter den Fenstern der anderen Häuser konnten wir überall Weihnachtsbäume sehen. Nur wir hatten keinen.

Und Papa kam nicht. Plötzlich ging auch Mama weg. Ich und Klara und Schnuffi blieben allein zurück.

„Ich glaube", sagte Klara besorgt, „Papa hat den Weihnachtsbaum vergessen."

„Das kann nicht sein! Meinst du wirklich?"

„Es ist schon spät. Bald wird es vier Uhr."

„Was machen wir denn ohne Baum? Mama sagte, wenn Papa ohne Baum kommt, dann muss er in den Wald, um einen Weihnachtsbaum für uns zu schlagen."

„Aber … aber, bis er kommt und in den Wald fährt, ist es sicher dunkel. Dann fängt schon Heiligabend an. Wo sollen wir dann die zwei Engel aufhängen?"

„Das weiß ich aber wirklich nicht."

„Weißt du, Klara", schlug ich vor, „warum kaufen wir uns nicht schnell selbst einen Weihnachtsbaum? Ich habe zwanzig Mark in

meinem Sparschwein. Wenn ich sie heraushole, das reicht vielleicht. Die Bäume sind jetzt sicher ganz billig."

Ich holte das Geld heraus, und wir liefen beide zu Klaras Schule, vor der man Weihnachtsbäume verkaufte. Unser Dackel Schnuffi lief fröhlich mit uns. Gott sei Dank, es waren noch Bäume da. Ich drückte dem Verkäufer meine zwanzig Mark in die Hand. Klara rückte auch fünf Mark heraus, und dann begann sie zu feilschen. Sie konnte das so gut.

Der Mann lachte und gab uns einen Baum, einen sehr guten sogar. Wir packten den Baum, Klara von der einen Seite, ich von der anderen. So gingen wir nach Hause, Schnuffi hinter uns her. Dort bekamen wir einen heiligen Schrecken. Wir sahen Papa einen riesigen Weihnachtsbaum vom Dach seines Wagens herunterholen.

„Woher habt ihr den Baum?", fragte er staunend, als er uns sah.

„Hoffentlich habt ihr ihn nicht gekauft?"

„Doch!"

„Aber warum? Warum?"

„Wir dachten, du bringst keinen mehr!"

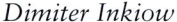

„Oh, mein Gott", stöhnte Papa und starrte plötzlich die Straße entlang, als ob er seinen Augen nicht trauen könnte. Wir wunderten uns, warum er mit uns nicht schimpfte, und schauten auch in diese Richtung. Da entdeckten wir Mama. Auch sie schleppte atemlos einen Weihnachtsbaum. So haben wir das Weihnachtsfest mit drei Weihnachtsbäumen gefeiert.

Dimiter Inkiow

Der Tannenbaum

Draußen im Walde stand ein niedlicher Tannenbaum; er hatte einen guten Platz; die Sonne konnte zu ihm dringen, Luft war genug da, und rundumher wuchsen viele größere Kameraden, Tannen und Fichten. Aber der kleine Tannenbaum wollte nur immer wachsen und wachsen. Er dachte nicht an den warmen Sonnenschein und die frische Luft, kümmerte sich nicht um die Bauernkinder, die da gingen und plauderten, wenn sie draußen im Walde umherschwärmten, um Erdbeeren und Himbeeren zu sammeln. Oft kamen sie mit einem ganzen Topfe voll oder hatten Erdbeeren auf Strohhalme gezogen. Dann setzten sie sich neben das Bäumchen und sagten: „Nein, wie niedlich klein der ist!" Das gefiel dem Baume gar nicht.

Im nächsten Jahr war er schon um einen langen Trieb größer und das Jahr darauf um noch einen; denn bei einem Tannenbaum kann man an der Zahl der neuen Triebe, die er angesetzt hat, genau die Jahre seines Wachstums berechnen.

„Oh, wäre ich doch ein so großer Baum wie die anderen!", seufzte das Bäumchen. „Dann könnte ich meine Zweige weit ausbreiten und mit der Krone in die weite Welt hinausschauen! Dann würden die Vögel ihre Nester in meinen Zweigen bauen, und wenn es stürmte, könnte ich so vornehm nicken wie dort die anderen."

Weder der Sonnenschein noch die Vögel oder die roten Wolken, die morgens und abends über ihn hinsegelten, machten ihm Freude. War es dann Winter und Schnee lag ringsherum blendend weiß, kam oft ein Hase angesprungen und setzte gerade über das Bäumchen fort. Oh, das war empörend! Aber zwei Winter verstrichen und im dritten war der Baum schon so hoch, dass der Hase um ihn herumlaufen musste. „Oh, wachsen, wachsen, groß und alt werden, das ist doch das einzig Schöne in der Welt!", dachte der Baum. Im Spätherbst erschienen regelmäßig Holzhauer und fällten einige der größten Bäume.

Das geschah jedes Jahr und den jungen Tannenbaum, der nun schon tüchtig in die Höhe geschossen war, befiel ein Zittern und Beben dabei; denn mit Gepolter und Krachen stürzten die großen Bäume zur Erde, die Zweige wurden ihnen abgehauen, sie sahen nun ganz nackt, lang und schmal aus, sie waren kaum noch wieder zu erkennen. Dann aber wurden sie auf Wagen gelegt und Pferde zogen sie von dannen zum Wald hinaus. Wohin sollten sie? Was stand ihnen bevor?

Als im Frühjahr Schwalben und Störche kamen, fragte sie der Baum: „Wisst ihr nicht, wohin sie gebracht wurden? Seid ihr ihnen nicht begegnet?"

Die Schwalben wussten nichts, doch einer der Störche sah sehr nachdenklich aus, nickte mit dem Kopf und sagte: „Ja, ich glaube wohl! Mir begegneten auf meiner Rückreise von Ägypten viele neue Schiffe. Auf denselben standen prächtige Mastbäume; ich wage zu behaupten, dass sie es waren; sie verbreiteten Tannengeruch. Ich kann vielmals grüßen, sie überragen alles – einfach alles!"

„Oh, wäre ich doch auch groß genug, um über das Meer zu fahren. Wie ist es eigentlich, dieses Meer, und wie sieht es aus?"

„Ja, das ist etwas weitläufig zu erklären!", sagte der Storch und ging.

„Freue dich deiner Jugend!", sagten die Sonnenstrahlen.

„Freue dich deines Wachstums, des jungen Lebens, das dich erfüllt!" Und der Wind küsste den Baum und der Tau weinte Tränen über ihn; aber der Tannenbaum verstand es nicht. In der Weihnachtszeit wurden ganz junge Bäume gefällt, Bäume, die nicht einmal so groß waren, noch in demselben Alter standen wie dieser junge Tannen-baum, der weder Ruh noch Rast hatte, sondern nur immer davon wollte. Diese jungen Bäume, und es waren gerade die allerschönsten, behielten immer ihre Zweige; sie wurden auf Wagen gelegt und Pferde zogen sie aus dem Walde.

„Wohin sollen sie?", fragte der Tannenbaum. „Sie sind nicht größer als ich, ja, da war sogar einer, der noch viel kleiner war. Weshalb behielten sie alle ihre Zweige? Wo fahren sie hin?"

„Das wissen wir, das wissen wir!", zwitscherten die Sperlinge.

„Unten in der Stadt haben wir zu den Fenstern hineingeschaut. Wir wissen, wohin sie fahren! Oh, sie gelangen zur größten Pracht und Herrlichkeit, die sich denken lässt! Wir haben zu den Fenstern hineingeschaut und gesehen, dass sie mitten in die warme Stube hineingepflanzt und mit den herrlichsten Sachen, mit vergoldeten Äpfeln, Honigkuchen, Spielzeug und vielen hundert Lichtern aus-geschmückt wurden!"

„Und dann?", fragte der Tannenbaum und bebte in allen Zweigen. „Und dann? Was geschieht dann?"

„Ja, mehr haben wir nicht gesehen, es war unvergleichlich!"

„Ob auch mir dieses Los zufallen wird, diesen strahlenden Weg zu gehen?", jubelte der Tannenbaum. „Das ist noch besser, als über das Meer zu gehen. Wie mich die Sehnsucht verzehrt! Wäre es doch Weihnachten! Jetzt bin ich hoch und erwachsen wie die anderen, die das letzte Mal fortgebracht wurden. Oh, wäre ich erst auf dem

Wagen! Wäre ich erst in der warmen Stube mit all ihrer Pracht und Herrlichkeit! Und dann? Ja, dann kommt noch etwas Besseres, noch Schöneres, weshalb würde man mich sonst so schmücken! Da muss noch etwas Größeres, noch etwas Herrlicheres kommen …! Aber was? Oh, ich leide, mich verzehrt die Sehnsucht; ich weiß selber nicht, wie mir zu Mute ist!"

„Freue dich unser!", sagten die Luft und der Sonnenschein. „Freue dich deiner frischen Jugend draußen im Freien!"

Aber der Baum freute sich gar nicht; er wuchs und wuchs, Winter und Sommer stand er grün; dunkelgrün stand er da!

Die Leute, die ihn sahen, sagten: „Das ist ein hübscher Baum!", und zur Weihnachtszeit wurde er von allen zuerst gefällt! Die Axt hieb durch sein Mark; der Baum fiel mit einem Seufzer zu Boden. Er fühlte einen Schmerz, eine Ohnmacht, er vermochte an gar kein Glück zu denken. Er war betrübt von der Heimat scheiden zu müssen, von dem Fleck, auf dem er emporgeschossen war. Er wusste ja, dass er nie mehr die lieben, alten Kameraden, die kleinen Büsche und Bäume ringsumher, ja, vielleicht nicht einmal die Vögel sehen würde. Die Abreise war durchaus nicht behaglich.

Der Baum kam erst wieder zu sich, als er, im Hof mit den anderen Bäumen abgeladen, einen Mann sagen hörte: „Der ist prächtig! Wir brauchen keinen andern!"

Nun kamen zwei Diener im vollen Staate und trugen den Tannenbaum in einen großen, prächtigen Saal. An den Wänden hingen Bilder und neben dem großen Ofen standen chinesische Vasen mit Löwen auf den Deckeln. Da gab es Schaukelstühle, Sofas mit seidenen Überzügen, große Tische, bedeckt mit Bilderbüchern und Spielzeug für hundertmal hundert Taler – wenigstens behaupteten das die Kinder. Der Tannenbaum wurde in ein großes, mit Sand gefülltes Gefäß gestellt; doch niemand konnte sehen, dass es ein Gefäß war, denn es wurde ringsherum mit grünem Stoff behängt und stand auf einem großen bunten Teppich. Oh, wie der Baum bebte! Was wird nun wohl geschehen? Sowohl die Diener als auch die Fräulein kamen und schmückten ihn. Über die Zweige hängten sie kleine, aus buntem Papier ausgeschnittene Netze; jedes Netz war mit Zuckerwerk gefüllt. Vergoldete Apfel und Walnüsse hingen wie festgewachsen herab und über hundert rote, blaue und weiße Lichterchen wurden an den Zweigen befestigt. Puppen, die wie leibhaftige Menschen aussahen – der Baum hatte solche nie zuvor gesehen –, schwebten im Grünen und ganz oben auf die Spitze wurde ein Stern von Flittergold gesetzt. Das war prächtig, ganz unvergleichlich prächtig!

„Heute Abend!", sagten alle, „heute Abend wird er strahlen!" „Oh!", dachte der Baum, „wäre es doch erst Abend! Würden nur die Lichter bald angezündet! Und was mag dann geschehen? Ob wohl die Bäume aus dem Wald kommen und mich anschauen? Ob die Sperlinge an die Fensterscheiben fliegen? Ob ich hier festwachse und Winter und Sommer geschmückt dastehen werde?"

Er wusste wirklich gut Bescheid! Aber er hatte aus lauter Sehnsucht förmlich Borkenweh und Borkenweh ist für einen Baum ebenso schlimm wie Kopfweh für uns andere.

Nun wurden die Lichter angezündet. Welcher Glanz! Welche Pracht! Der Baum bebte dabei in allen Zweigen, sodass einige Nadeln an einem der Lichter Feuer fingen. Es sengte ordentlich.

„Gott bewahre uns!", schrien die Fräulein und löschten es schnell aus.

Nun durfte der Baum nicht einmal beben. Oh, das war ein Graus! Er war so besorgt etwas von all seinem Staate zu verlieren; er war von all dem Glanze wie betäubt. – Und nun öffneten sich beide Flügeltüren und eine Menge Kinder stürzten herein, als ob sie den ganzen Baum umrennen wollten. Die älteren Leute kamen bedächtig hinterher; die Kleinen standen ganz stumm, aber nur einen kurzen Augenblick. Dann jubelten sie wieder so, dass es widerhallte. Sie tanzten um den Baum und ein Geschenk nach dem anderen wurde abgepflückt.

„Was haben sie nur vor?", dachte der Baum. „Was soll da geschehen?" Die Lichter brannten bis auf die Zweige herunter und darauf löschte man sie aus und die Kinder erhielten die Erlaubnis, den Baum zu plündern. Oh, die stürzten auf ihn los, dass es in allen Zweigen krachte. Wäre er nicht mit der Spitze und dem goldenen Stern an der Decke befestigt gewesen, so hätten sie ihn sicher umgeworfen.

Die Kinder tanzten nun mit ihrem prächtigen Spielzeug umher. Niemand beachtete den Baum, mit Ausnahme der alten Kinderfrau, die aufmerksam zwischen die Zweige blickte; aber sie wollte nur nachsehen, ob nicht noch eine Feige oder ein Apfel vergessen worden war.

„Eine Geschichte, eine Geschichte!", riefen die Kinder und zerrten einen kleinen dicken Mann zu dem Baume hin. Er setzte sich gerade unter denselben hin, „... denn so", meinte er, „sind wir im Grünen und der Baum kann sich besonders eine Lehre daraus ziehen, wenn er gut aufmerkt. Aber ich erzähle nur eine Geschichte. Wollt ihr die von Ivede-Avede hören oder die von Klumpe-Dumpe, der die Treppe hinabfiel und sich doch auf den Thron schwang und die Prinzessin erhielt?"

„Ivede-Avede!", schrien einige. „Klumpe-Dumpe!", schrien andere. Was war das für ein Rufen und Durcheinanderschreien! Nur der Tannenbaum schwieg still und dachte: Soll ich gar nicht mit dabei sein, gar nichts damit zu tun haben? Er war ja dabei gewesen, hatte getan, was er sollte.

Der Mann erzählte von Klumpe-Dumpe, der die Treppe hinabfiel und sich doch auf den Thron schwang und die Prinzessin erhielt. Und die Kinder klatschten in die Hände und riefen: „Erzähle, erzähle!"
Sie wollten auch noch die Geschichte von Ivede-Avede hören, mussten sich aber mit Klumpe-Dumpe begnügen. Der Tannenbaum stand ganz still und gedankenvoll. Nie hatten die Vögel draußen im Walde dergleichen erzählt. Klumpe-Dumpe fiel die Treppe hinab und bekam doch die Prinzessin! „Ja, ja, so geht es in der Welt zu!", dachte der

Tannenbaum und hielt es für Wahrheit, weil der Erzähler ein so netter Mann war. „Ja, ja, wer kann wissen, vielleicht falle ich auch die Treppe hinab und bekomme eine Prinzessin!" Und er freute sich darauf, den nächsten Tag wieder mit Lichtern und Spielzeug, mit Gold und Früchten angeputzt zu werden.

„Morgen werde ich nicht zittern!", dachte er. „Ich werde mich recht an all meiner Herrlichkeit freuen. Morgen werde ich wieder die Geschichte von Klumpe-Dumpe hören und vielleicht auch die von Ivede-Avede." Und der Baum stand die ganz Nacht still und gedankenvoll da.

Am folgenden Morgen traten die Diener und Mägde herein. „Nun beginnt der Staat von neuem!", dachte der Baum. Aber sie schleppten ihn zum Zimmer hinaus, die Treppe hinauf bis auf den Boden und dort stellten sie ihn in einen dunklen Winkel, wohin kein Tageslicht fiel. „Was hat denn das zu bedeuten?", dachte der Baum. „Was habe ich denn hier zu tun? Was mag ich denn hier hören sollen?" Er lehnte sich gegen die Mauer und stand da und dachte und dachte. Und Zeit hatte er genug dazu, denn es verstrichen Tage und Nächte. Niemand kam herauf, und als endlich jemand kam, geschah es nur zu dem Zwecke, einige große Kästen in den Winkel zu stellen. Der Baum stand so versteckt, dass man hätte meinen können, er wäre völlig in Vergessenheit geraten.

„Nun ist draußen Winter!", dachte der Baum. „Die Erde ist hart und mit Schnee bedeckt, die Menschen können mich nicht pflanzen; deshalb soll ich wahrscheinlich bis zum Frühling hier im Schutze stehen! Wie fürsorglich das doch ist! Wie gut die Menschen doch sind! Wäre es hier nur nicht so dunkel und so schrecklich einsam! Nicht einmal ein Häschen ist hier zu finden! Draußen im Walde war es doch lustig, wenn Schnee lag und der Hase vorübersprang, ja selbst, wenn er über mich hinwegsetzte; aber damals gefiel es mir freilich nicht. Hier oben ist es doch entsetzlich einsam!"

„Piep, piep!", sagte plötzlich eine kleine Maus und huschte hervor und darauf kam noch eine. Sie schnüffelten an dem Tannenbaume und schlüpften zwischen seine Zweige.

„Es herrscht eine furchtbare Kälte!", sagten die Mäuschen. „Sonst ist hier ein vortrefflicher Aufenthalt! Nicht wahr, du alter Tannenbaum?"

„Ich bin doch gar nicht alt!", versetzte der Tannenbaum. „Es gibt viel ältere als mich!"

„Wo kommst du her?", fragten die Mäuse. „Und was weißt du?" Sie waren gewaltig neugierig. „Erzähle uns doch von dem herrlichsten Plätzchen auf Erden! Bist du schon dort gewesen? Bist du schon in der Speisekammer gewesen, wo Käse auf den Brettern liegt und Schinken unter der Decke hängen, wo man auf Talglichtern tanzt, mager hineingeht und fett herauskommt?"

aus. Aber ach, sie waren alle vertrocknet und gelb und er lag da in einem Winkel zwischen Unkraut und Nesseln. Der Goldpapierstern saß noch oben auf der Spitze und leuchtete im hellsten Sonnenscheine. Auf dem Hofe selbst spielten ein paar von den lustigen Kindern, die am Weihnachtsabend um den Baum getanzt hatten und dabei so fröhlich gewesen waren. Eines der kleinsten lief hin und riss den Goldstern ab.

„Sieh, was da noch an dem alten hässlichen Tannenbaume sitzt!", rief es und trat auf die Zweige, dass sie unter seinen Stiefeln knackten. Und der Baum sah all die Blumenpracht und Frische im Garten, betrachtete dann sich selbst und wünschte, dass er in seinem finsteren Winkel auf dem Boden geblieben wäre. Er gedachte seiner frischen Jugend im Walde, des lustigen Weihnachtsabends und der kleinen Mäuse, die so fröhlich der Geschichte von Klumpe-Dumpe gelauscht hatten.

„Vorbei, vorbei!", seufzte der arme Baum. „Hätte ich mich doch gefreut, als ich es noch konnte! Vorbei, vorbei!"

Der Hausknecht kam und hieb den Baum in kleine Stücke, ein ganzes Bund lag da; hell loderte es auf unter dem großen Braukessel. Er seufzte tief, jeder Seufzer ertönte wie ein kleiner Schuss. Deshalb liefen die Kinder, die draußen spielten, herbei und setzten sich vor das Feuer, schauten hinein und riefen: „Piff, paff". Aber bei jedem Knalle, der ein tiefer Seufzer war, gedachte der Baum eines Sommertages im Walde oder einer Winternacht draußen, wenn die Sterne glänzten. Er gedachte des Weihnachtsabends und des Klumpe-Dumpe, des einzigen Märchens, das er gehört hatte und zu erzählen wusste – und dann war der Baum verbrannt.

Die Knaben spielten im Hofe und der kleinste hatte auf der Brust den Goldstern, den der Baum an seinem glücklichsten Abende getragen hatte. Nun war dieser vorüber und mit diesem auch der Baum nebst seiner Geschichte. Vorbei, vorbei – und so geht es mit allen Geschichten.

Hans Christian Andersen

Der Traum

Ich lag und schlief, da träumte mir
ein wundeschöner Traum:
Es stand auf unserm Tisch vor mir
ein hoher Weihnachtsbaum.

Und bunte Lichter ohne Zahl,
die brannten ringsumher,
die Zweige waren allzumal
von goldnen Äpfeln schwer.

Und Zuckerpuppen hingen dran,
das war mal eine Pracht!
Da gab's, was ich nur wünschen kann
und was mir Freude macht.

Und als ich nach dem Baume sah
und ganz verwundert stand,
nach einem Apfel griff ich da
und alles, alles schwand.

Da wacht' ich auf aus meinem Traum
und dunkel war's um mich.
Du lieber, schöner Weihnachtsbaum,
sag an, wo find ich dich?

Da war es just, als rief er mir:
„Du darfst nur artig sein,
dann steh ich wiederum vor dir,
jetzt aber schlaf nur ein!

Und wenn du folgst und artig bist,
dann ist erfüllt dein Traum,
dann bringet dir der Heil'ge Christ
den schönsten Weihnachtsbaum."

Heinrich Hoffmann von Fallersleben

76

Der fliegende Weihnachtsbaum

Die Tanne war jung und noch klein. Um sie herum wuchsen alte Fichten. Alle waren zehnmal so hoch wie sie. Die mächtigen Fichten versperrten ihr den Blick ins Tal. Sie nahmen ihr die Sonne weg. Die kleine Tanne musste in ihrem Schatten leben. Nur mit ihrer Spitze konnte sie den Himmel sehen und die weißblauen Wolken, die hoch oben vorüberzogen.

„Dort oben muss es sehr schön sein", dachte die kleine Tanne sehnsüchtig. „Dort scheint die Sonne, und es ist so hell. So herrlich hell."

„Ist der Himmel überall so herrlich hell?", fragte sie einmal die alten Fichten. „Ihr könnt es besser sehen, weil eure Kronen hoch aufragen. Ich sehe nur ein ganz kleines Stück vom Himmel."

„Ja ....", antworteten die Fichten. „Es tut uns leid, dass du so wenig vom Himmel siehst. Aber wir sind groß und du bist klein."

„Und wie sieht das Tal aus?"

„Es ist ein breites Tal, von hohen Bergen umgeben. In der Mitte fließt ein Fluss. Dort ist auch ein Dorf mit einer Kirche. Die Kirche hat ein goldenes Kreuz. Und drum herum stehen Häuser mit roten Dächern."

„Oh", seufzte die kleine Tanne, „schade, dass ich gar nichts davon sehen kann."

Nachts träumte die kleine Tanne. Sie träumte, dass ihre Wurzeln sich in Beine verwandelten. Da ging sie im Traum spazieren.

Manchmal kamen Tiere zu der kleinen Tanne. Hasen, Füchse und Rehe. Auch Eichhörnchen hüpften durch ihre Zweige. Aber die waren viel zu unruhig. Mit ihnen kam nie ein richtiges Gespräch zustande. Immer waren sie in Bewegung, immer auf der Suche nach etwas Essbarem.

Wenn die Tanne mit ihnen zu reden versuchte, antworteten sie immer das gleiche: „Mit vollem Mund spricht man nicht. Siehst du nicht, dass wir gerade Nüsse in den Backen haben?"

Und sie hüpften weg.

„Wie gern würde ich auch weggehen wie sie!", dachte die kleine Tanne. „Zwischen den großen Fichten sitze ich wie in einem Gefängnis und sterbe."

Besonders trostlos waren für sie die Tage zu Anfang des Winters, wenn noch kein Schnee lag und das Wetter neblig, kalt und nass war. Dann schluchzte die kleine Tanne traurig vor sich hin. Sie wollte nicht mehr leben.

Es war an so einem trüben Tag, als sie plötzlich Menschenstimmen hörte. Schwere Schritte kamen auf sie zu. Sie sah den Förster und noch einen anderen Mann, der einen Beil trug.

„Diese Tanne", sagte der Förster, „können wir fällen. Sie hat genau die richtige Größe!"

„Wie du meinst!", sagte der Zweite und hob sein Beil. Er schlug zu. Die kleine Tanne fiel auf den Waldboden. Hunderte ihrer grünen Nadeln fielen ohnmächtig auf die Erde. Dann geschah etwas, was die kleine Tanne überhaupt nicht erwartete. Sie wurde auf dem Dach eines Autos befestigt. Die Tanne hatte ein für einen Baum unbeschreibliches Gefühl: Sie bewegte sich! Sie schwebte dahin. Alles rundherum veränderte sich von Sekunde zu Sekunde.

Vor Staunen wusste die kleine Tanne nicht, in welche Richtung sie zuerst schauen sollte. Ihr wurde richtig schwindelig.

„Ich glaube, ich fliege", rief sie. „Ich fliege!"

„Du fliegst nicht", flüsterte ihr der Wind zu, der durch ihre Zweige pustete. „Du fährst nur mit einem Auto."

„Das Auto ist aber sehr schnell … schneller als ein Hase, glaube ich. Von so einem Glück habe ich mir im Leben nicht träumen lassen."

„Du wirst noch mehr erleben. Du wirst, glaube ich, ein Weihnachtsbaum."

„Was ist denn das?"

„Ein Weinnachtsbaum ist der König von einem Baum. Man wird dich mit bunten Kugeln und Goldlametta behängen. Dutzende von Kerzen wird man an deinen Ästen befestigen. Kinder werden Lieder für dich singen. Du wirst glückliche Tage erleben, kleine Tanne. Solch ein Glück haben nur wenige Bäume."

Alles geschah genau so, wie der Wind es vorausgesagt hatte.

Die kleine Tanne wurde in eine Kirche gebracht – eine alte Dorfkirche – eine Barockkirche, verziert mit goldenen Engeln. In ihren goldenen Flügeln spiegelte sich Kerzenlicht.

Alles war so wunderbar, dass es die kleine Tanne nicht fassen konnte.

Sie wurde neben der Krippe aufgestellt. Von dort konnte sie das Christkind sehen. Und auch Maria und Josef und die drei Könige.

Die Tanne befreundete sich sofort mit dem Esel, der nachdenklich neben der Krippe stand. Es war ein sehr gesprächiger Esel. Er erzählte ihr sofort die Weihnachtsgeschichte. Und weil die kleine Tanne neugierig war, auch die Geschichte von Jesu Auferstehung.

„Werde ich auch eines Tages auferstehen?", wollte die Tanne wissen. „Weil ich jetzt ein Weihnachtsbaum bin?"

„Natürlich wirst du das", meinte der Esel, „mit mir ist es genau so. Jedes Jahr nach den Weihnachtstagen wickelt man mich in Papier ein und stellt mich in den Keller. Dort schlafe ich ein. Nach einem Jahr holt man mich wieder heraus. Dann bin ich sofort wach.

Das ist meine schönste Zeit. Alle bewundern mich. Die Kinder sagen: ‚Schaut mal, das ist der Esel. Der Esel, der das Christkind mit seinem Atem gewärmt hat. Und der später Maria und Josef bei der Flucht nach Ägypten geholfen hat.' Natürlich war das ein anderer Esel. Und Maria und Josef sind hier nur Puppen. Aber das macht nichts. Hauptsache, alle freuen sich, wenn sie uns sehen. Weißt du, kleine Tanne, das Schönste ist, dass du noch voller Leben bist. Du bist so grün und du duftest so gut. Du füllst den ganzen Raum hier mit Tannenduft."

„Schön, dass du das sagst", nickte die kleine Tanne.
Behängt mit Weihnachtsschmuck, fühlte sie sich wie eine Prinzessin. Sie war so unbeschreiblich glücklich, dass sie vor so viel Glück ein bisschen Angst hatte.

„Womit habe ich diese große Ehre verdient, als Weihnachtsbaum in einer Kirche zu stehen?"

„Zufall", meinte der Esel, „Zufall. Das ist für eine Tanne wie dich, wie ein Sechser im Lotto."

„Ich fürchte mich nur vor der Zeit danach. Die schönen Weihnachtstage sind bald vorbei. Was kommt danach? Dann verschwinde ich. Man wird mich verbrennen. Dann bin ich nicht mehr da!"

„Doch. Du wirst weiter da sein. Nur verändert", erklärte ihr der Esel.

„Was willst du damit sagen?"

„Nichts auf der Welt verschwindet, meine Liebe. Gar nichts verschwindet. Alles verändert sich nur. Alles ist immer da. Alles ist ewig da. Das ist das größte Geheimnis der Welt."

„Aber …", stotterte die kleine Tanne, „wenn man mich verbrennt – dann bin ich nicht mehr da!"

„Doch!"

„Wie denn?"

„Es ist ganz einfach. Dann fliegt ein Teil von dir in die Luft und die Asche bleibt auf der Erde. Aber nichts, kein Gramm von dir wird verschwinden. Nicht einmal ein Gramm. Nichts. Du bist ewig."

„Dann bin ich aber beruhigt", meinte die kleine Tanne. „Ich wusste nicht, dass ich ewig bin."

„Wir sind alle ewig. Alles ist ewig. Viele wissen es nur nicht."

„Warum? Weil sie so dumm sind?"

„Nein. Weil sie nicht so klug sind wie ich. Ich bin nämlich sehr, sehr klug! Ich kann ein Professor werden, wenn ich es nur will!"

„Das glaube ich auch!", nickte die Tanne.

Jetzt war sie beruhigt.

Und glücklich.

Sie dachte: „Bald werde ich fliegen, ganz, ganz hoch. Von oben werde ich die großen Tannen sehen, die um mich herum standen. Ich werde ihnen zurufen: Hört zu, Freunde, ich bin die kleine Tanne. Ich kann jetzt fliegen. Da staunt ihr, was? Vielleicht werdet ihr alle eines Tages auch fliegen können. Wenn man euch verbrennt. Auf der Asche werden dann Blumen wachsen. Oder Bäume. Wer weiß. Wir werden sehen. Jeder von uns wird viel Zeit haben um alles zu sehen. Sehr, sehr viel Zeit – eine Ewigkeit lang."

Dimiter Inkiow

Der Weihnachtsbaum

Es war Heiligabend, und der Weihnachtsbaum stand fertig geschmückt für die Feiertage da. Aber kaum waren alle zu Bett gegangen, als die Spielsachen, die am Baum hingen, miteinander zu reden und zu tuscheln begannen.

„Es wäre doch ein rechter Spaß", sagten sie, „wenn wir alle heruntersteigen und uns verstecken würden."

Sie kletterten also alle vom Baum herunter und ließen ihn ganz kahl zurück und versteckten sich – einige hinter den Schränken und einige hinter den Heizröhren und einige hinter den Büchern auf den Regalen im Wohnzimmer und wo es ihnen sonst noch einfiel.

Am ersten Feiertag kamen die Kinder herunter und wünschten einander fröhliche Weihnachten: Aber als sie ihren entzückenden Baum ganz kahl dastehen sahen mit nicht einmal einem einzigen Knallbonbon mehr daran, da weinten und weinten sie heiße Tränen.

Als sie die Kinder weinen hörten, schämten sich die Spielsachen gehörig wegen des unartigen Streichs, den sie ihnen gespielt hatten: Trotzdem aber mochten sie nicht recht aus ihren Verstecken hervorkommen, während jemand herumstand. Sie warteten also, bis alle in die Kirche gegangen waren, und dann schlüpften sie hervor.

„Ich weiß!", sagte die Arche Noah und sprach mit all ihren Stimmen zugleich, „ich hab eine Idee!" Sie führte also die andern Spielsachen zum Haus hinaus und in die Stadt, und da trennten sie sich und suchten sich ihren Weg durch die Hintertür in jeden Spielzeugladen und in jeden Süßigkeitsladen. Einmal drinnen, luden sie alle Spielsachen und alle Süßigkeiten zu einer großen Gesellschaft ein, die sie gäben, und führten sie zurück zum Haus.

„Hier ist es, wo wir unsere Gesellschaft geben", sagten sie und zeigten auf den Weihnachtsbaum. So kletterten denn all die neuen Spielsachen zu den Zweigen des Baums hinauf und hängten sich dran. Es war wahrhaftig kaum genug Platz für sie alle, denn es waren nun zehnmal so viel da als vorher. Die ganze Zeit in der Kirche hatten die Kinder still hinter ihren Gesangbüchern in sich hineingeweint und waren noch immer ziemlich traurig, als sie nach Haus kamen; aber als sie ihren Weihnachtsbaum erblickten mit zehnmal so viel Geschenken daran, als vorher da gewesen waren, und mit zehnmal so viel Kerzen, die einander lieblich anstrahlten, da lachten sie und klatschten in die Hände und jauchzten vor Freude und sagten, in ihrem ganzen Leben hätten sie noch niemals einen so bezaubernden Weihnachtsbaum gesehen!

Richard Hughes

Kapitel IV

Wir warten auf das Christkind

Florian rettet das Christkind

Florian freute sich auf Weihnachten. Florian freute sich auf dieses ganz besondere Weihnachtsgefühl, das ihn am Heiligen Abend immer befiel: dieses Kribbeln im Bauch und die Aufregung, die er bis in den linken kleinen Zeh spürte.

Florian freute sich auf die Weihnachtsgerüche, die am Heiligen Abend durch die Wohnung zogen: den Duft von Tannennadeln und brennenden Kerzen, von selbstgebackenen Plätzchen und frisch angeschnittenem Stollen.

Ganz besonders freute Florian sich natürlich auf seine Geschenke. Nur auf das Krippenspiel freute er sich nicht. Am Heiligen Abend kamen sehr viele Leute in die Kirche, um sich das Krippenspiel anzusehen. Es kamen alle Leute, die sonst immer in die Kirche gingen. Und es kamen alle Leute, die sonst nie in die Kirche gingen.

Florian mochte es nicht, so vielen Leuten etwas vorzuspielen. Aber seine Mutter sagte: „Das Christkind sieht doch, wenn du beim Krippenspiel mitspielst. Dann freut es sich und bringt dir besonders schöne Geschenke."

Florian war sich nicht so sicher, ob das stimmte. Er wusste überhaupt nicht so genau, wie sich das mit dem Christkind verhielt. Ob es die Geschenke wirklich brachte. Oder ob vielleicht die Eltern die Geschenke brachten. Oder der Weihnachtsmann, von dem in all seinen Bilderbüchern die Rede war. Aber vorsichtshalber spielte er doch lieber beim Krippenspiel mit. Sicher war sicher.

Dieses Jahr hatte er die Rolle des Esels übernommen. Da brauchte er sich nur einen großen Eselskopf aus Pappmaschee aufzusetzen, ihn im richtigen Moment über den Krippenrand zu schieben und dreimal laut: „I-ah! I-ah! I-ah!", zu sagen. Zugegeben, es war nur eine kleine Rolle, die er da spielte. Aber er war beim Krippenspiel dabei und das war schließlich die Hauptsache. Da konnte doch das Christkind gar nicht anders, als ihm schöne Geschenke zu bringen.

In der Adventszeit hatten sich die Kinder jede Woche getroffen und für das Krippenspiel geprobt. Der Kaiser Augustus musste mit einer Krone, die er aus gelbem Pappkarton gebastelt hatte, und einem langen bunten Umhang auf einer Leiter sitzen und sagen: „Geld! Ich brauche Geld! Ich brauche Geld für meine Soldaten! Ich brauche Geld für meine Armee!"

Und immer lauter nach Geld rufend kletterte er von seiner Leiter herunter und stapfte durch die Kirche nach draußen. Als nächstes kamen Maria und Josef herein. Maria stützte sich schwer auf einen Stock, weil sie so müde war. Manchmal blieb sie stehen und sagte: „Ich kann nicht mehr." Und Josef antwortete tröstend: „Komm, Maria, es ist doch gar nicht mehr weit."

Der Wirt, bekleidet mit einer Küchenschürze seiner Mutter, wies ihnen den Weg zur Krippe vor dem Altar. Dort knieten Maria und Josef nieder und Maria zog das kleine hölzerne Christkind aus dem Stroh, unter dem es bisher verborgen gewesen war.

Dies war der Moment, in dem Florian seinen Eselskopf über den Krippenrand schieben und dreimal laut: „I-ah! I-ah! I-ah!", sagen sollte.

Danach kamen noch die Hirten mit wollenen Westen und alten Hüten, weiße Plüschschafe unter den Arm geklemmt. Und am Schluss die Heiligen Drei Könige, die die Kirche mit Ferngläsern nach dem Stern absuch-ten, der sie zur Krippe leiten sollte.

Am Vormittag des Heiligen Abends trafen sich die Kinder mit dem Pfarrer noch einmal zur Generalprobe. Der Kaiser Augustus rief: „Geld! Ich brauche Geld! Ich brauche Soldaten für mein Geld!", und als er aus der Kirche stapfte, fiel ihm seine Krone vom Kopf. Maria klopfte so heftig mit dem Stock auf den Boden, dass man überhaupt nicht hören konnte, was sie sagte. Josef zerrte sie im Geschwindschritt durch die Kirche. Der Wirt vergaß seinen Text, die Hirten vergaßen ihre Schafe und die Heiligen Drei Könige vergaßen ihre Ferngläser.

Nur Florian schob im richtigen Moment seinen Eselskopf über den Krippenrand und sagte dreimal laut: „I-ah! I-ah! I-ah!".

Der Pfarrer seufzte und sagte: „Ich glaube, wir probieren es lieber noch einmal."

Der Kaiser Augustus kletterte wieder auf seine Leiter hinauf und sagte: „Geld! Ich brauche Geld!" Als er von der Leiter heruntersteig, verfing sich sein rechter Fuß in dem langen bunten Umhang. Er blieb an der letzten Trittstufe hängen, stolperte und riss die gesamte Leiter mit sich. Die Leiter stürzte auf die Krippe, die Krippe fiel um und das Christkind kullerte aus dem Stroh heraus. Erst der Kopf und einen Augenblick später der Körper. Kaiser Augustus wurde glühend rot. Er richtete die Krippe auf und stopfte schnell die zwei Teile des Christkindes unter das Stroh zurück, damit niemand merkte, dass es kaputt war.

Der Pfarrer seufzte und sagte: „Ich glaube, wir hören lieber auf. Wenn die Generalprobe so schief geht, dann wird die Aufführung schon klappen."

Und dann durften die Kinder nach Hause gehen.

Aber Florian hatte gesehen, was mit dem Christkind passiert war. Leise zog er die zwei Teile aus dem Stroh und versteckte sie unter seinem Pullover. Zu Hause stand die Mutter in der Küche und kochte. Sie sah ein wenig aufgeregt und erschöpft aus, wie immer um diese Zeit an Heilig Abend.

Florian holte das Christkind unter seinem Pullover hervor. Er streckte der Mutter die beiden Teile entgegen und sagte: „Schau mal, Mama. Wir müssen es unbedingt reparieren. Sonst gibt es heute kein Christkind."

„Nimm doch eine Puppe", antwortete die Mutter ohne hinzusehen. „Dann habt ihr auch ein Christkind."

Florian hatte keine Puppe. Und er konnte sich auch nicht vorstellen, dass irgendeine Puppe, die das ganze Jahr über eine normale Puppe war, auf einmal das Christkind werden konnte. Er ging ins Wohnzimmer, wo sein Vater gerade versuchte, den Tannenbaum in seinem Ständer festzumachen. Der Vater sah ein wenig gereizt aus, wie immer um diese Zeit an Heilig Abend.

Florian streckte ihm das Christkind entgegen und sagte: „Schau mal, Papa. Wir müssen es unbedingt reparieren. Sonst gibt es heute kein Christkind."

„Mach doch aus einem alten Lappen ein Bündel", antwortete der Vater und schraubte an dem Weihnachtsständer herum. „Dann habt ihr auch ein Christkind."

Florian verstand die Eltern nicht so ganz. Jedes Jahr musste er beim Krippenspiel mitmachen, um das Christkind zu erfreuen. Aber nun, da es kaputt war und Hilfe brauchte, kümmerte sie das überhaupt nicht. Da sollte er es einfach ersetzen durch eine Puppe oder durch ein Bündel aus alten Lappen.

Florian nahm die beiden Teile des Christkinds und schlich sich hinab in den Keller. Hier hatte der Vater all sein Werkzeug. Hier hämmerte, schraubte, feilte und leimte er. Florian kannte sich gut aus mit dem Werkzeug im Keller, denn er hatte dem Vater schon manchmal geholfen. Aber er wusste auch, dass er es allein nicht benutzen durfte. Deshalb war Florian ziemlich aufgeregt, als er den Leimtopf aus dem Regal holte. Und als ein Stück Holz klappernd auf die Erde fiel, hielt er vor Schreck den Atem an. Über sich in der Wohnung hörte er die kurzen schnellen Schritte der aufgeregten Mutter und die schweren

Schritte des gereizten Vaters. Sie waren viel zu beschäftigt, um auf ein klapperndes Stück Holz zu achten.

Erleichtert drückte Florian mit dem Pinsel einen dicken Klecks Leim auf den Hals des Christkinds. Dann setzte er den Kopf darauf. Der Leim tropfte auf die Schultern und der Kopf saß ein wenig schief, so als neige das Christkind ihn zur Seite. Aber wenigstens war es nun nicht mehr zweigeteilt.

Am Nachmittag zum Gottesdienst trug Florian das Christkind unter seinem Pullover in die Kirche. Er ging an seinen Platz hinter der Krippe und setzte den Eselskopf aus Pappmaschee auf.

Die Kirche war wieder sehr voll. Sie war so voll, dass sogar noch zusätzliche Stühle herbeigetragen werden mussten. Florians Eltern waren auch da. Sie sahen jetzt nicht mehr erschöpft oder gereizt aus, sondern nur noch froh.

Dieses Mal stieg der Kaiser Augustus von der Leiter herunter, ohne sie umzureißen oder seine Krone zu verlieren. Josef führte Maria langsam durch die Kirche und man konnte deutlich hören, wie sie sagte: „Ich bin so müde. Ich kann nicht mehr." Auch der Wirt vergaß seinen Text

90

nicht und wies den beiden ihren Weg zur Krippe vor dem Altar. Aber als Maria und Josef vor der Krippe niederknieten und Maria das Christkind unter dem Stroh hervorziehen wollte, fand sie es nicht. Maria durchsuchte die ganze Krippe. Schließlich half Josef mit und durchsuchte auch die ganze Krippe. Aber sie fanden das Christkind trotzdem nicht. Die Leute in den Kirchenbänken wurden schon unruhig und reckten ihre Hälse um zu erkennen, warum die beiden da vorne mit ihren Händen im Stroh herumwühlten.

Da schob Florian seinen Eselskopf über den Krippenrand, legte das geleimte Christkind in die Krippe und sagte dreimal laut: „I-ah! I-ah! I-ah!"

Die Mutter lächelte. Der Vater lächelte. Und einen Moment glaubte Florian zu sehen, dass auch das Christkind lächelte.

Luise Holthausen

Die Engel, die haben gesungen

Die Engel, die haben gesungen,
dass wohl ein Wunder geschehn.
Da kamen die Hirten gesprungen
Und haben es angesehn.

Die Hirten, die will es erbarmen,
wie elend das Kindlein sei.
Es ist eine Gschicht für die Armen.
Kein Reicher war nicht dabei.

Ludwig Thoma

Eine Wintergeschichte

Es war einmal ein Mann. Er besaß ein Haus, einen Ochsen, eine Kuh, einen Esel und eine Schafherde.

Der Junge, der die Schafe hütete, besaß einen kleinen Hund, einen Rock aus Wolle, einen Hirtenstab und eine Hirtenlampe.

Auf der Erde lag Schnee. Es war kalt und der Junge fror. Auch der Rock aus Wolle schützte ihn nicht.

„Kann ich mich in deinem Haus wärmen?", bat der Junge den Mann.

„Ich kann die Wärme nicht teilen. Das Holz ist teuer", sagte der Mann und ließ den Jungen in der Kälte stehen.

Da sah der Junge einen großen Stern am Himmel. „Was ist das für ein Stern?", dachte er. Er nahm seinen Hirtenstab, seine Hirtenlampe und machte sich auf den Weg.

„Ohne den Jungen bleibe ich nicht hier", sagte der kleine Hund und folgte seinen Spuren. „Ohne den Hund bleiben wir nicht hier", sagten die Schafe und folgten seinen Spuren. „Ohne die Schafe bleibe ich nicht hier", sagte der Esel und folgte ihren Spuren. „Ohne den Esel bleibe ich nicht hier", sagte die Kuh und folgte seinen Spuren. „Ohne die Kuh bleibe ich nicht hier", sagte der Ochse und folgte ihren Spuren.

„Es ist auf einmal so still", dachte der Mann, der hinter seinem Ofen saß. Er rief nach dem Jungen, aber er bekam keine Antwort. Er ging in den Stall, aber der Stall war leer. Er schaute in den Hof hinaus, aber die Schafe waren nicht mehr da.

„Der Junge ist geflohen und hat alle meine Tiere gestohlen", schrie der Mann, als er im Schnee die vielen Spuren entdeckte.

Doch kaum hatte der Mann die Verfolgung aufgenommen, fing es an zu schneien. Es schneite dicke Flocken. Sie deckten die Spuren zu. Dann erhob sich ein Sturm, kroch dem Mann unter die Kleider und biss ihn in die Haut. Bald wusste er nicht mehr, wohin er sich wenden sollte. Der Mann versank immer tiefer im Schnee: „Ich kann nicht mehr!", stöhnte er und rief um Hilfe.

Da legte sich der Sturm. Es hörte auf zu schneien und der Mann sah einen großen Stern am Himmel. „Was ist das für ein Stern?", dachte er.

Der Stern stand über einem Stall, mitten auf dem Feld. Durch ein kleines Fenster drang das Licht einer Hirtenlampe. Der Mann ging darauf zu. Als er die Tür öffnete, fand er alle, die er gesucht hatte, die Schafe, den Esel, die Kuh, den Ochsen, den kleinen Hund und den Jungen. Sie waren um eine Krippe versammelt. In der Krippe lag ein Kind. Es lächelte ihm entgegen, als ob es ihn erwartet hätte.

„Ich bin gerettet", sagte der Mann und kniete neben dem Jungen vor der Krippe nieder.

Am anderen Morgen kehrten der Mann, der Junge, die Schafe, der Esel, die Kuh, der Ochse und auch der kleine Hund nach Hause zurück. Auf der Erde lag Schnee. Es war kalt.

„Komm ins Haus", sagte der Mann zu dem Jungen, „ich habe Holz genug. Wir wollen die Wärme teilen."

Max Bolliger

Weihnachten

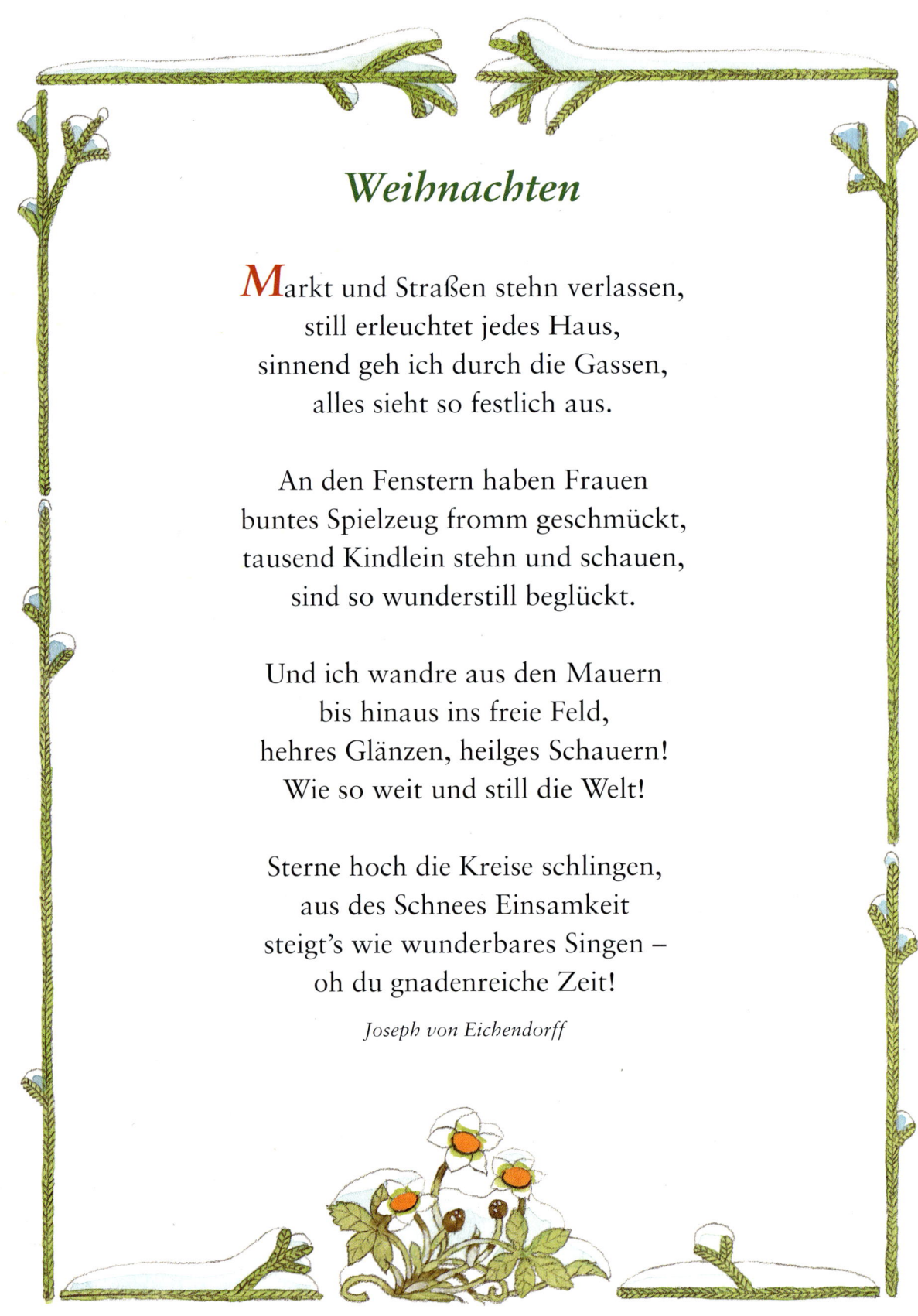

Markt und Straßen stehn verlassen,
still erleuchtet jedes Haus,
sinnend geh ich durch die Gassen,
alles sieht so festlich aus.

An den Fenstern haben Frauen
buntes Spielzeug fromm geschmückt,
tausend Kindlein stehn und schauen,
sind so wunderstill beglückt.

Und ich wandre aus den Mauern
bis hinaus ins freie Feld,
hehres Glänzen, heilges Schauern!
Wie so weit und still die Welt!

Sterne hoch die Kreise schlingen,
aus des Schnees Einsamkeit
steigt's wie wunderbares Singen –
oh du gnadenreiche Zeit!

Joseph von Eichendorff

Die Weihnachtsmaus

Die Weihnachtsmaus ist sonderbar, sogar für die Gelehrten.
Denn einmal nur im ganzen Jahr entdeckt man ihre Fährten.
Mit Fallen oder Rattengift kann man die Maus nicht fangen.
Sie ist, was diesen Punkt betrifft, noch nie ins Garn gegangen.
Das ganze Jahr macht diese Maus den Menschen keine Plage.
Doch plötzlich aus dem Loch heraus kriecht sie am Weihnachtstage.
Zum Beispiel war vom Festgebäck, das Mutter gut verborgen,
Mit einem Mal das Beste weg am ersten Weihnachtsmorgen.
Da sagte jeder rundheraus: Ich hab' es nicht genommen!
Es war bestimmt die Weihnachtsmaus, die über Nacht gekommen!
Ein andres Mal verschwand sogar das Marzipan vom Peter;
Was seltsam und erstaunlich war. Denn niemand fand es später.
Der Christian rief rundheraus: Ich hab' es nicht genommen!
Es war bestimmt die Weihnachtsmaus, die über Nacht gekommen!
Ein drittes Mal verschwand vom Baum, an dem die Kugeln hingen,
Ein Weihnachtsmann aus Eierschaum nebst andren leck'ren Dingen.

Die Nelly sagte rundheraus: Ich habe nichts genommen!
Es war bestimmt die Weihnachtsmaus, die über Nacht gekommen!
Und Ernst und Hans und der Papa, die riefen: Welche Plage!
Die böse Maus ist wieder da, und just am Feiertage!
Nur Mutter sprach kein Klagewort. Sie sagte unumwunden:
Sind erst die Süßigkeiten fort, ist auch die Maus verschwunden!
Und wirklich wahr: Die Maus blieb weg, sobald der Baum geleert war,
Sobald das letzte Festgebäck gegessen und verzehrt war.
Sagt jemand nun, bei ihm zu Haus – bei Fränzchen oder Lieschen –,
Da gäb' es keine Weihnachtsmaus, dann zweifle ich ein bisschen!
Doch sag' ich nichts, was jemand kränkt! Das könnte euch so passen!
Was man von Weihnachtsmäusen denkt, bleibt jedem überlassen!

James Krüss

 ## Vom Christkind

Denkt euch,
ich habe das Christkind gesehen!
Es kam aus dem Walde, das Mützchen voll Schnee,
mit rot gefrorenem Näschen.
Die kleinen Hände taten ihm weh;
denn es trug einen Sack, der war gar schwer,
schleppte und polterte hinter ihm her –
was drin war, möchtet ihr wissen?
Ihr Naseweise, ihr Schelmenpack –
meint ihr, er wäre offen, der Sack?
Zugebunden bis oben hin!
Doch war gewiss was Schönes drin:
Es roch so nach Äpfeln und Nüssen.

Anna Ritter

Sarah und die Engelweihnacht

Wenn der alte Nick mit seinem Kutschenwagen unterwegs ist, sperrt er Augen, Ohren und Herz weit auf. Auch seine Nase bläht sich und wittert alles, was Nick wissen muss. Aha, im Dorf riecht es schon ein bisschen nach Weihnachtskeksen und Tannenzweigen. Aus einem Fenster schallt Chorgesang, bricht ab, setzt wieder ein, immer dieselben zwei Zeilen und eine Stimme brummt: „Na, das klingt ja schon fast richtig." Eimer scheppern, Wasser plätschert, und wenn Nick genau hinhört, vernimmt er sogar das Rascheln und Fegen der Reisigbesen und Bürsten im Stall.

Dann sieht er die kleine Sarah auf der Bank vor der Scheune. Ganz allein sitzt Sarah dort und weint.

Nick hält an. „Nanu, Sarah, mein Schätzchen, mein Engelchen, wer wird denn weinen so kurz vor Weihnachten, vor dem Freudenfest?"

„Gar kein Freudenfest!", schnauft Sarah und stampft mit dem Fuß.

„Doch, doch", sagt der alte Nick erschrocken. „Ein Freudenfest zur Erinnerung an die Geburt des Jesuskindes, und bestimmt haben dir deine Eltern die Geschichte seiner Geburt erzählt, während sie alles für das Fest vorbereiten."

„Stimmt", schluchzt Sarah. „Aber ich brauche jetzt sofort eine Geschichte zum Trost!"

Nick wundert sich. Vorsichtig fragt er: „Was soll denn alles vorkommen in der Geschichte?"

„Der Himmel mit allen Engel und Tieren", sagt Sarah. „Und wie sie das Weihnachtsfest vorbereiten. Und wie sie die kleinsten drei Engel nicht mithelfen lassen. Und sie müssen Sarah, David und Jonathan heißen …"

„Aha, aha", sagt der alte Nick. „Dann wollen wir es versuchen."

Sarah lächelt ihn an. „Du darfst auch in der Geschichte vorkommen …" – Und der alte Nick begann zu erzählen:

„Schaut", rief David. „Da kommt der alte Nikolaus gefahren!"

„Gerade zur rechten Zeit", sagte Jonathan.

Sarah fragte: „Du feierst doch bestimmt den Heiligen Abend mit uns?"

„Willkommen, Sankt Nikolaus!", sagte auch Ben, der älteste Engel.

„Gerne feiere ich mit euch", antwortete Nikolaus. „Aber zuerst habe ich eine wichtige Nachricht für euch. Ihr seid dazu ausgesucht worden, in diesem Jahr die große Weihnachtsfeier für den gesamten Himmel vorzubereiten!"

Diese Nachricht traf die Dorfengel wie ein Hammer. Sie brachten kein Wort hervor und sie lächelten auch nicht. Nicht einmal Sarah, David und Jonathan, die kleinsten von ihnen, die sonst den ganzen Tag plapperten und allen Dorfengeln Löcher in den Bauch fragten. Sie waren genauso sprachlos wie die großen.

„Ist irgendwas nicht in Ordnung?", fragte Nikolaus.

Da brach es aus Ben hervor: „Ach, Sankt Nikolaus! Wir sind doch nicht wichtig genug für so eine riesige Angelegenheit! Letztes Jahr waren die Erzengel selber dran und sie ließen alle Himmel in Gold und Silber leuchten!"

„Und vorletztes Jahr", schrie Petra, der Musikengel, „waren von der himmlischen Musikabteilung sämtliche Harfen und Trompeten aufgeboten und Hunderte ausgewählte Stimmen sangen in einem großartigen Chor! Was könnten wir hinstellen, was nur halbwegs gut genug wäre?"

„Ach was", sagte Nikolaus. „Denkt nicht an das, was andere getan haben! Seid nur, wie ihr seid – und ihr werdet eine tolle Weihnachtsfeier hinstellen. Ganz bestimmt."

Am nächsten Tag versammelten sich alle Dorfengel in der Scheune.

„Sankt Nikolaus hat schon Recht", sagte Ben. „Wir müssen genau das tun, was wir am besten können!"

„Wir könnten die köstlichsten Leckerbissen aus unseren Küchen servieren!", sagte Lisa, der Küchenengel.

98

„Wie wär's mit einem feierlichen Umzug mit all unseren Tieren?", fragten Paul und Hans, die Stallengel.

Plötzlich hatte jeder Engel eine großartige Idee: Türkränze aus Stechginster flechten, seidene Fahnen in Patchworkmuster in allen himmlischen Farben nähen, Lieder, die wirklich jeder mitsingen konnte.

„Nur keine Kanons", sagte Petra, der Musikengel.

„Oh, es wird prachtvoll, herrlich, phantastisch!", riefen sie alle durcheinander.

„Und was können WIR tun?", fragten Sarah, David und Jonathan.

„Oje", sagten die größeren Engel. „Das Beste, was ihr drei tun könnt, ist uns anderen nicht im Weg zu stehen!"

Trotzdem gingen Sarah, David und Jonathan in die Küche zu den Küchenengeln. Die siebten und rührten, gossen, pürierten, stiftelten und schnipselten.

„Können wir helfen?"

„Husch, husch, weg mit euch", sagte Lisa, als scheuche sie Hühner aus der Küche. „Ihr schafft höchstens ein großes Durcheinander!"

Sie gingen zu den Gärtnerengeln. Die schnitten Tannenzweige, maßen Bänder für die Girlanden ab und sammelten den Stechginster mit seinen leuchtend roten Beeren.

„Was können wir tun?", fragten die drei.

„Ihr?", seufzte Peter. „Ihr seid viel zu klein, um irgendwas zu tun."

„Dürfen wir euch den Faden auf die Spule wickeln?", fragten sie Lea.

„Um Himmels willen, nein!", rief Lea. „Ihr verknuddelt nur alles!"

Und als sie mit den Musikengeln mitsingen wollten, da waren sie entweder zu langsam oder zu schnell.

Schließlich gingen Sarah, David und Jonathan in den großen Stall, wo sie schon oft mit den Tieren gespielt hatten.

Aber nicht einmal Paul und Hans, die beiden Stallengel, hatten Zeit
für sie, als sie sich als Helfer anboten beim Bürsten und Striegeln der
Tiere.

„Wir haben Helfer haufenweise", brummte Hans.

Da kam gerade Sankt Nikolaus vorbei, um zu sehen, wie die Dorfengel mit den Vorbereitungen vorankamen. Er fand Sarah, David und
Jonathan vor der Scheune sitzen. Sie ließen die Köpfe hängen und
taten nichts, überhaupt nichts.

„Nanu", sagte Nikolaus. „Meine Schätzchen, meine Engelchen, wie
kann man denn so untätig dasitzen, knapp vor dem Weihnachtsfest?"

„Ach, Nikolaus", klagten sie ihm. „Keiner braucht uns. Niemand
lässt uns helfen. Sie sagen alle, dass wir zu klein sind und ihnen nur
vor den Füßen herumkugeln …"

„Hm, hm, hm", brummte
Nikolaus und zwinkerte
mit den Augen. „Ich glaube,
ich habe da eine Idee."
Er zog die Kleinen
ganz nah an sich

heran und flüsterte ihnen etwas ins Ohr. Niemand anderer konnte es hören.

Am Morgen des Heiligen Abends kam Nikolaus mit seinem Schlitten vorbei.

„Hallo, Nikolaus", wisperte Sarah. „Als Dank für deine gute Idee schmücken wir dir den Schlitten."

Sie füllten den Schlitten mit Stroh und Reisig, denn der Nikolaus sollte es warm haben. Sie legten leuchtend rote Decken über die Rentiere und wanden Kränze in Zügel und Geschirr.

„Nichts verraten", flüsterten sie.

Nikolaus schmunzelte und sagte: „Bei der großen Himmelsfeier sehen wir uns wieder. Macht es gut, ihr drei!"

Sarah, David und Jonathan lächelten einander zu.

Sie konnten es kaum noch erwarten den ganzen Himmel und besonders die Dorfengel zu überraschen …

Die Dorfengel rackerten und plagten sich den ganzen Tag. Sie fanden, dass es eine wunderschöne Plage sei.

Vor lauter Arbeit fiel keinem von ihnen auf, dass Sarah, David und Jonathan wie vom Himmelsboden verschwunden waren. Es war schon dunkel, als Sankt Nikolaus zurückkehrte. Die Erzengel, die himmlische Musikabteilung und überhaupt alle Himmelsbewohner hatten sich versammelt. Sie waren schon sehr gespannt auf das, was die Dorfengel vorbereitet hatten. Alles stand bereit, gleich sollte der feierliche Umzug beginnen. Aber die Dorfengel machten auf einmal sorgenvolle Gesichter und stießen einander an. Es wurde dunkler und dunkler, schon konnte keiner mehr die Hand vor Augen sehen. „Was machen wir nun?", wisperten die Dorfengel. Sie hatten vergessen, dass der Heilige Abend einer der dunkelsten Abende im ganzen Jahr ist! Da hörten sie ein Murmeln unter den Erzengeln.

„Seht doch, se-e-eht!", sang der himmlische Chor.

Am Horizont fing etwas zu schimmern an, ein heller Schein, ein wundersames Licht. Als die Dorfengel sich in die Richtung drehten, in die der ganze Himmel blickte, sahen sie Sarah, David und Jonathan. Sie zogen einen gewaltig großen Stern hinter sich her. „Der Stern von Bethlehem!", riefen alle.

Der ganze Hügel strahlte von Licht.

„Oh, besten Dank!", sagten die Engel, als jeder von ihnen einen Laternenstern in die Hand bekam. „Sarah, David und Jonathan, ihr müsst den Umzug anführen!" Und die drei kleinsten Engel marschierten als Erste den Hügel hinauf.

Der große Stern wusste, was nun von ihm erwartet wurde. Strahlend zog er allen voran wie damals vor zweitausend Jahren. Und alle feierten die Erinnerung an die Heilige Nacht, da Jesus geboren wurde, Gottes Sohn und Bruder aller Menschen, Freund aller Geschöpfe, der großen und der kleinen, besonders der kleinen …

„Oh, war das eine schöne Geschichte", sagt Sarah zum alten Nick. „Ich bin überhaupt nicht mehr traurig. Zeigst du mir jetzt, wie man diese Laternen bastelt, damit ich es auch David und Jonathan beibringen kann?

Tomie de Paola

Der Weihnachtswunsch

„Möchtest du nicht meine Stiefel tragen?", fragte mich vor kurzem Klara.

Ich wunderte mich sehr darüber und fragte: „Warum?"

„Weil ich will, dass sie endlich kaputtgehen."

„Aber was wird Papa dazu sagen?"

Sie flüsterte: „Er wird mir neue kaufen."

„Er wird aber nie erlauben, dass ich deine Stiefel trage", erwiderte ich.

„Du wirst sie heimlich tragen. Immer wenn du Fußball spielst. Bis sie kaputtgehen. Wenn ich nicht bald so schöne rote Stiefel kriege wie Petra, werde ich sterben. Ehrenwort!"

Ich wollte nicht, dass meine Schwester Klara stirbt, weil ihre alten Stiefel nicht kaputtgehen, und ich sagte:

„Gut, ich werde deine Stiefel tragen, und ich verspreche dir, dass ich sie in einer Woche kaputt mache. Du kennst mich ja."

„Du bist ein Schatz!", sagte sie.

Sofort zog ich Klaras Stiefel an, aber sie waren mir viel zu groß. So groß, dass sie wie Clownsschuhe schlappten. Dreimal bin ich damit hingefallen.

Klara sagte: „Wie ist es möglich, dass du so kleine Füße hast?"

Ich sagte: „Und deine sind viel zu groß."

„Wegen so was werden wir uns doch jetzt nicht streiten", erwiderte sie. „Hast du mir versprochen, meine Stiefel kaputt zu machen oder nicht?"

„Doch."

„Dann musst du sie auch tragen. Versprochen ist versprochen!"

Also musste ich die Stiefel wohl tragen. Ich zog sie aus und steckte zwei Taschentücher hinein. Aber das reichte nicht. Erst als ich eine ganze Zeitung hineingesteckt hatte, waren mir Klaras Stiefel nicht mehr zu groß. Jetzt begann ich endlich Fußball zu spielen. Es ging. Ich spielte den ganzen Tag, aber Klaras Stiefel gingen nicht kaputt, was uns beide sehr ärgerte. Jeden Mittag, wenn Klara aus der Schule kam, schaute sie sich ihre Stiefel an und jammerte: „Scheußliche Stiefel! Sie gehen einfach nicht kaputt. Ich hasse sie!"

„Ich hasse sie auch schon. Aber was soll ich machen?"

„Wenn sie nicht kaputtgehen, werde ich nie neue Stiefel bekommen. Nie! Und dann sterbe ich! Du wirst es sehen!"

Ich wollte nicht, dass meine Schwester Klara wegen ihrer alten Stiefel stirbt, und spielte tüchtig weiter Fußball, und steckte immer neue

Zeitungen hinein. Aber die Stiefel waren wie aus Stahl. Am Ende waren meine Füße kaputt, aber nicht Klaras Stiefel.

„Weißt du, Klara", sagte ich ganz niedergeschlagen, „wenn Papa dir keine Stiefel kauft, warum schreibst du dann nicht an unsere Ulmer Oma. Mama sagte, wir sollen ihr einen Zettel schicken mit unseren drei größten Weihnachtswünschen. Ich wünsche mir einen Fußball, bunte Filzstifte und ein Bilderbuch. Und du solltest dir dann nur rote Stiefel wünschen. Rote Stiefel als ersten Wunsch, rote Stiefel als zweiten Wunsch und rote Stiefel als dritten Wunsch. Dann wirst du deine roten Stiefel bekommen."

„Das glaube ich nicht."

„Warum denn nicht?"

„Weil rote Stiefel sehr teuer sind. Petra hat es mir schon gesagt."

„Dann schreib doch auch an die Berliner Oma. Sie soll dir den linken Stiefel schenken, und die Oma aus Ulm den rechten. Wie findest du das?"

„Das ist gar keine schlechte Idee", sagte Klara. „Mensch, du bist gar nicht so blöd, wie du aussiehst."

Sie lief schnell in ihr Zimmer und versteckte sich dort, um die Briefe zu schreiben. Und ich schaute in den Spiegel, um zu sehen, ob ich wirklich so blöd aussehe, wie sie sagte.

Den ganzen Nachmittag schrieb Klara an ihren Briefen. Man konnte denken, sie schrieb einen Roman. Erst am Abend war sie fertig. Sie hatte die Briefe schön mit Herzchen und Blümchen verziert. Und ihr Zimmer sah aus wie ein Schlachtfeld.

„Willst du nicht Malerin werden?", fragte ich Klara. „Du malst so schön."

„Ich will erst meine roten Stiefel haben. Dann werden wir sehen."

„Was hast du denn in den Briefen geschrieben?"

„Ganz einfach: An die Ulmer Oma habe ich geschrieben, dass ich von ihr einen rechten Stiefel möchte, und an die Berliner Oma habe ich geschrieben, dass ich von ihr einen linken Stiefel möchte.

Sie müssen rot und italienisch sein. Dann werden sie zusammen-passen."

„Gut", sagte ich, „aber wenn der eine größer ist als der andere? Oder wenn sie beide zu klein sind? Schuhe und Stiefel muss man immer anprobieren. Das kannst du nicht. Du kannst ja nicht mit einem Fuß in Berlin sein und mit dem anderen in Ulm."

„Doch", sagte Klara und legte beide Briefe mit der Rückseite auf den Boden. Dann zog sie ihre Schuhe aus und stellte sich in Strümpfen mit dem Fuß auf einen Brief und sagte: „Gib mir einen Filzstift!"

Ich gab ihr sofort einen roten Filzstift und sie zog einen Strich um ihre Füße.

„So", sagte sie, „jetzt kann kein Fehler mehr passieren. So groß muss jeder Stiefel sein."

Mensch, Klara ist wirklich klug.

Jetzt brauchten wir nur noch zwei Briefumschläge. Nachdem wir sie gefunden hatten, hat Klara aus Mamas Adressbuch die Anschriften der beiden Omas abgeschrieben. Sie brauchte dafür den ganzen Nachmittag, wegen der kleinen Buchstaben, die sie auf die Briefumschläge schreiben musste. So kleine Buchstaben kann Klara noch gar nicht richtig schreiben. Erst am übernächsten Tag – ganz ermattet von der Arbeit – war Klara mit

allem fertig. Jetzt brauchten wir nur noch zwei Briefmarken, um die Briefe abschicken zu können. Drei Eurostücke haben wir heimlich mit einem Messer aus unserem Sparschwein geholt. Und dann schlichen wir zur Post um die Ecke. Das war alles so aufregend, dass ich zu Klara sagte: „Wenn ich schreiben kann, werde ich dir jeden Tag einen Brief schreiben."

„Gut", sagte sie, „ich bekomme Briefe sehr gern."

Jetzt brauchten wir nur noch auf Weihnachten zu warten. Und das war noch aufregender, weil wir nicht wussten, ob von der Oma aus Berlin ein linker Stiefel und von der Oma aus Ulm ein rechter Stiefel kommt. Und was würde die arme Klara machen, wenn sie nur einen Stiefel bekommt?

Dann würde es sicher einen großen Jammer geben.

Wir warteten und warteten, und plötzlich kam ein Paket aus Berlin. Aber ob auch eins aus Ulm kam, haben wir nicht gesehen, weil Mama die Pakete immer sofort versteckte, und wir konnten sie nicht finden.

„Die kommen unter den Weihnachtsbaum", sagte sie.

So mussten wir warten und hatten den schrecklichen Verdacht, es wäre nur der linke Stiefel gekommen, weil die Berliner Oma mehr Geld hatte.

Endlich war es soweit. Die Pakete lagen unter dem Weihnachtsbaum. Klara hüpfte vor Ungeduld von einem Bein aufs andere.

Ich bekam vor Aufregung einen Schluckauf.

Dann sagte Mama: „Jetzt könnt ihr die Pakete öffnen."

Und wir stürzten uns darauf. Ich habe von der Berliner Oma einen Fußball bekommen und Filzstifte von der Oma aus Ulm.

Und was meint ihr, was Klara bekommen hat?

Sie hat drei Paar rote Stiefel bekommen: ein Paar von Papa und Mama, ein Paar von der Berliner Oma und ein Paar von der Ulmer Oma.

Sie freute sich, lachte und sagte zu mir: „Das Jahr fängt sehr gut an!"

Dimiter Inkiow

106

Warme Kälte

In voller Blüte stehen die Sonnenblumen am Feld nahe dem Bach, der den kleinen Tümpel speist, und in dem Frösche fröhlich umher rudern. Vögel flattern durch die Luft, lassen sich ab und zu auf den Blütenköpfen der Sonnenblumen nieder, um ein wenig auszuruhen, oder um einige saftig junge Kerne aus den Blütenkörbchen zu picken. Ein farbenfroher Schmetterling gaukelt über die goldgelben Strahlenblüten. Eine friedvolle Atmosphäre liegt auf diesem Flecken Erde. Alles scheint völlig in Ordnung zu sein. In dieser Jahreszeit sehen sich Karl und die Sonnenblume jeden Abend am großen Feldrand, nahe dem Bach. Dann reden die beiden über dies und das …

„Ich möchte auch mal Schnee sehen", sagt die Sonnenblume zu Karl, dem Igel. „In der Zeit, in der ich blühe, ist es zu warm dafür. Leider. Aber erzähl du mir heute was vom Schnee, bitte! Wie ist er denn, was ist Schnee eigentlich?"

Karl, der nur selten Schnee sieht, weil er die meiste Zeit des Winters schläft, beginnt zu erklären: „Also. Schnee ist, wenn es draußen weiß ist. Oder sagen wir wenn es kalt ist und ich schlafe, dann schneit es. Oder auch nicht. Es kann auch kalt sein, ohne dass es schneit. Und manchmal schlafe ich auch, ohne dass es kalt ist. Aber manchmal schneit es eben, wenn ich schlafe."

So geht das eine ganze Weile, bis es der Sonnenblume zu bunt wird: „Liebster Karl, es reicht, hör auf. Was meist du, wenn ich mir selbst einmal den Schnee anschaute?"

Verdattert hält Karl inne. „Im Sommer?"

„Nein", antwortet die Sonnenblume, „im Winter."

„Aber im Winter", sagt Karl mit runzeliger Stirn, „da schläfst du doch unter der Erde."

„Na, dann muss ich halt eben mal kurz den Schlaf unterbrechen."

All zu gern möchte die Sonnenblume einmal Schnee erleben.

Gemeinsam überlegen die beiden Freunde, wie sie es machen könnten, dass die Sonnenblume einmal im Winter blüht, oder zumindest aus der Erde spitzeln kann, um etwas Schnee zu sehen und vielleicht sogar zu spüren.

„Zuerst einmal müssen wir uns fragen", beginnt Karl, der Igel, der wegen seiner logischen Denkensweise weit im Wald und darüber hinaus bekannt ist, „zuerst einmal müssen wir wissen, warum du, liebe Sonnenblume, nur im Sommer blühst."

„Das ist doch gar keine Frage", meint die Sonnenblume, neigt ihren goldgelben Blütenkopf und antwortet bestimmt: „Weil es im Sommer so schön warm ist. Ich heiße Sonnen – Blume, weil ich Sonne brauche."

„Hmm – warm muss es also sein", hält Karl fest. „Im Winter ist es aber kalt und nicht warm. Das wird schwierig", meint er mit nickendem Kopf, wobei sich allmählich aber unaufhaltsam eine dicke Sorgenfalte halbkreisförmig um seine spitzige Nase legt. „Das wird schwierig."

Traurig lässt die Sonnenblume ihren Kopf hängen: „Im Winter ist es aber nicht warm, da soll es sehr, sehr kalt sein – sagt man. Also werde ich nie – nie."

Karl unterbricht seine Freundin mit den Worten: „Dann brauchen wir eben warme Kälte. Wir sollten mit Herrn Natur sprechen."

Was immer Karl, der Igel, auch vorgeschlagen hätte, die Sonnenblume hätte zugestimmt, so sehr hat sich in ihr der Wunsch festgesetzt, einmal Schnee zu sehen.

Karl lehnt sich an den Stiel der Sonnenblume, streckt sein Schnäuzchen zum Himmel und bekommt einen starren Blick. Die Sonnenblume reckt sich und wendet ihr goldgelbes Kronenhaupt der Sonne entgegen. Beide gehen nun in sich, um Herrn Natur zu hören. Eine Antwort wollen sie erhalten. Die Frage ist ja bereits gestellt, doch die Antwort lässt auf sich warten. Hören kann man nur, wenn man schweigt. So verweilen die beiden am Feldrand reglos eine Zeitlang, bis sich allmählich ein leichter Wind erhebt, durch den Herr Natur zu

den beiden Wartenden spricht: „Ich habe jeder Blume einen Energie-vorrat für ein Jahr mitgegeben. Wenn du, liebste Sonnenblume, diesen Sommer damit sparsam umgehst, wirst du im Winter noch ein wenig Kraft übrig haben, um dir deinen Wunsch zu erfüllen. Ich werde dich zu gegebener Zeit wecken." Mit diesen Worten legt sich der Wind.

Die Sonnenblume beschließt, diesen Sommer keine feinen Kerne weiter zu produzieren und nicht länger mit den anderen zu wetteifern, wer dieses Jahr den schönsten goldgelben Blütenkranz besitzt. Sie möchte Energie sparen, um sich ihren Wunsch erfüllen zu können.

„Karl", sagt sie leise aber bestimmt. „Ich beschließe den Sommer für mich – hiermit – bis nächstes Jahr. Tschüs."

Nach einigen Tagen sieht die Sonnenblume schon richtig verblüht aus. Karl besucht sie dennoch jeden Tag und begleitet seine Freundin in den Sommerschlaf.

Am Feldweg kommen zwei Menschen. Rasch saust Karl einige Meter ins Feld hinein, von wo aus er die Spaziergänger beobachten kann.

„Schau mal, Oma, da ist eine Sonnenblume schon ganz kaputt."

„Tja, die hat es dieses Jahr nicht geschafft. Hat nicht genügend Kraft gehabt, ist vorzeitig eingegangen."

„Schade. Die tut mir leid."

„Sei nicht traurig, wer weiß schon, zu was das gut ist. Die Natur hat immer ihre Gründe für alles, was sie tut. Einen Grund wird auch das haben."

„Oma, warum weißt du das?"

„Weil ich alt bin – komm lass uns weitergehen."

So vergeht der Sommer, ohne dass ihn die Sonnenblume bis zum Ende erlebt hat. Karl, der Igel, kam dennoch jeden Tag vorbei, um nach dem Rechten zu sehen. Nur leider hatte er dieses Jahr nicht sehr oft die Gelegenheit, mit seiner Freundin, der Sonnenblume, zu reden. Unaufhaltsam ist es Herbst geworden und Karl bereitet sich auf den Winter vor. Im Dickicht, gleich neben dem Tümpel, richtet er sein

Winterquartier ein. Ein wenig traurig guckt er ein letztes Mal durch das Geäst seines Quartiers, mit der leisen Hoffnung, im nächsten Jahr seine Freundin, die Sonnenblume, wiederzusehen.

Der Winter ist unterdessen eingebrochen, Kälte überzieht das Land und Schnee liegt auf dem Sonnenblumenfeld, eine dicke Eisschicht bedeckt den Tümpel, in dem die Frösche im Sommer ihre Kreise drehten. Nun rutschen Kinder lachend auf dem Eis. Noch wenige Tage bis Heilig Abend. Und es schneit, was es schneien kann. Es muss einfach ein wunderschönes Weihnachten werden, denken alle Menschen hier im Dorf und der Umgebung. Doch zwei Tage vor Heilig Abend kommt Föhn auf und die Temperaturen steigen so rasch, dass an einigen Stellen der Schnee schmilzt. Mit dem Verschwinden des Schnees verschwindet auch der Gedanke vieler Menschen an eine schöne, weiße Weihnachten.

Am Nachmittag des Heiligen Abend kommt die alte Frau mit dem kleinen Kind an dem Tümpel und dem Feld vorbei.

„Schau mal, Oma, da spitzelt was Grünes aus der Erde."

„Tatsächlich. Das arme Gewächs, gibt sich ja ganz schön Mühe, mitten im Winter zu sprießen. Meint wohl, der Winter wäre schon vorbei, nur weil es heute mal ein bisschen warm ist."

„Komm lass uns weitergehn."

Der Winter vergeht, das Frühjahr kommt.

Überall sprießt und gedeiht die Pflanzenwelt.

Karl hat ausgeschlafen und die Frösche hüpfen zum ersten Mal in diesem Jahr in das grüne Nass des Tümpels. Jetzt ist die Zeit zum Aufräumen. Überall kreucht und fleucht es. Jeder macht Frühjahrsputz, so auch Karl, der Igel.

Nun kann der Sommer kommen und Karl wird wieder seine Freundin, die Sonnenblume treffen.

Es ist Juli, ein warmer Spätnachmittag, als Karl, der Igel, sich auf den Weg zum Feld macht, in der Hoffnung, dort die Sonnenblume anzutreffen. Und tatsächlich. Schon von weitem hört er sie: „Ich habe ihn gesehen! Ich habe ihn gespürt!"

„Den Schnee?"

„Ja."

„Und – wie ist er?"

„Kalt. Weiß. Nichts für mich."

Die Sonnenblume ist überglücklich, Karl, dem Igel, vom Schnee erzählen zu können, den sie erlebt hat, am Heiligen Abend –
wie ein Geschenk ...

Hans Fries

Traumbescherung

Ich hab mir was ausgedacht,
dass mir aber keiner lacht!
Dieses Jahr zur Weihnachtszeit,
da beschenk ich weit und breit
alle Leut – ihr glaubt es kaum?
Jeder kriegt von mir 'nen Traum:
Raben, die Trompete blasen,
bring ich mit, karierte Hasen,
eine Fuhre Gummibärchen,
dreizehn Flaschen voller Märchen,
Bäume, die spazierengehen,
Stunden, die ganz stillestehen,
Hunde, die sich reiten lassen,
frisch gebrat'nes Eis in Massen,
schnelle Autos für die Kinder,
einen Zauber-Wunsch-Zylinder,
Extra-Väter, nur zum Spielen,
Bälle, die von selber zielen,

eine Müllkippe zu Hause
und 'ne Limonadenbrause,
Betten, die im Dunkeln fliegen,
Masern, die wir niemals kriegen,
Sommerschnee auf Rodelwiesen,
aufblasbare bunte Riesen,
Feuerchen, die knisternd brennen,
Mütter, die nicht schimpfen können,
Badeseen an den Ecken,
Lutschbonbons so lang wie Stecken,
Schulen, nur zum Lachenlernen,
Flugzeugtaxis zu den Sternen,

Sofas, um drauf rumzuspringen,
Lieder, die sich selber singen,
Pulver zum Unsichtbarmachen,
ein paar kleine, zahme Drachen,
Katzen, die auf Rollschuh'n rennen,
Morgenstunden zum Verpennen,
Wände, um sie anzumalen,
Nüsse ohne harte Schalen,
einen Löwen zum Liebkosen
und statt Ärger rote Rosen.
Hier ist die Bescherung aus.
Sucht für euch das Beste raus!

Gina Ruck-Pauquèt

Die Handschrift Gottes

Nördlich von Bethlehem gibt es zwischen Wiesen und Feldern eine Stelle, wo immer wieder der nackte Fels hervortritt. Manchmal sammelt sich darauf eine dünne Schicht Erde, in der dann ein paar Pflanzen wurzeln. Aber immer wieder waschen Regen und Wind diese Stelle frei. Dann sieht man dort im dunkleren Gestein eine helle Spur aus weißen Kristallen, in die goldene Körnchen eingesprenkelt sind. Die Geologen nennen dies eine höchst seltene Gesteinsformation. Die Bauern und die Hirten von Bethlehem nennen es ganz anders. Der helle Streifen heißt bei ihnen die Handschrift Gottes. Und fragt ihr sie, was es damit auf sich hat, erzählen sie euch die folgende Geschichte: Viele Tage schon waren Maria und Josef gewandert, um nach Bethlehem zu gelangen, denn dort sollte ja ihr Kind geboren werden. All die Zeit war das Eselchen munter vorausgetrabt, als würde es den Weg ganz genau kennen. Nun konnte das Ziel nicht mehr fern sein. Morgen schon, meinte Josef, würden die Tore der Stadt Davids sie aufnehmen. Als sie so wanderten, begann es auf einmal ganz leise zu schneien. Weiße Flocken, zarter als Flaumfedern, gaukelten vom Himmel herab, wenige erst, dann immer mehr, bis endlich der Schnee so dicht um das heilige Paar und ihren vierbeinigen Führer wirbelte, dass sie nicht mehr weiter konnten, sondern unter den breit ausladenden Ästen einer Tanne Schutz suchen mussten. Es wurde Mittag, und es wurde Nachmittag, ehe der Schneefall aufhörte. Als Maria und Josef dann unter dem schützenden Ästedach der Tanne wieder hervortraten, sah die Landschaft um sie herum ganz verwandelt aus, so verwandelt, dass auch das Eselchen verwundert um sich schaute. Eine dicke weiße Decke verhüllte Wiesen und Felder, Bäume und Wege, so rein und unberührt, als wäre alles Bisherige vergessen, und als sollte die Weltgeschichte in diese reine Fläche ganz neu geschrieben werden.

Mühsam setzten die Wanderer ihren Weg fort. Zögernd nur folgte das Grautierchen. Bald aber mussten sie erkennen, dass sie die Richtung verloren hatten.

Da standen sie mutterseelenallein im weißen Feld, in dieser wunderbar glitzernden Einsamkeit, schauten hierhin und dorthin und konnten nicht sagen, wohin sie gehen sollten. Und während sie noch standen und Ausschau hielten, wurde es immer dunkler. Die Dämmerung verlöschte die Konturen, und die Dunkelheit ließ die Welt noch einmal ganz verwandelt erscheinen, geheimnisvoll und fremd zugleich. Könnt ihr euch wohl denken, wie es Josef zu Mute war? Ihm hatte doch der Engel Maria anvertraut, in seinen Schutz hatte er die Gottesmutter gegeben. Er sollte sie nach Bethlehem führen, sollte über sie wachen und alles Nötige besorgen. Nun aber war er, der Führer, selbst hilf- und weglos. Ach, er spürte, ohne hinschauen zu müssen, wie Marias Augen fragend auf ihn gerichtet waren, wusste, dass aus der betrübten Seele gleich ein Tränenbächlein hervorsprudeln würde. Was konnte er tun, um sie zu trösten? Nicht eben hoffnungsvoll kraulte Josef das Eselchen zwischen den langen Ohren und murmelte: „He, Graufellchen, du hast ja bisher immer so sicher den Weg gewusst. Sag uns doch, wohin wir uns wenden müssen."

Das Eselchen aber, als hätte es nur auf diese Frage gewartet, reckte den Kopf zum Himmel empor und rief laut und deutlich: „I-ah", als wollte es sagen: „Da oben müsst ihr nach dem Weg suchen."

Das brachte Josef auf eine Idee. Behutsam legte er den Arm um Marias Schulter, lenkte ihren Blick hinauf zum Himmelszelt und wies ihr dort oben die glitzernden goldenen Sterne.

„Schau doch, Maria", sagte er leise, als hätte er Sorge, die große Stille um sie herum zu stören, „hier unten stehen wir und meinen, dass wir ganz allein in der weiten weißen Welt sind, dabei schauen von dort oben die zahllosen Sterne auf uns herab. Ei, wenn wir nur gelernt hätten, ihre Schrift zu entziffern, wir wüssten, wohin wir uns wenden müssen. Denn in ihrer Weisheit kennen sie unseren Weg bereits."

Vertrauensvoll folgte Maria seinem Blick. Sie betrachtete das goldene Geflimmer über ihren Häuptern staunend, wie nur sie staunen konnte. Wussten diese kleinen himmlischen Gesellen wirklich soviel über sie? Die Gottesmutter legte die Stirn in Falten und versuchte angestrengt, die Sternenschrift zu enträtseln. Wenn ihr Weg dort oben verzeichnet stand, so musste er sich doch ergründen lassen! Endlich lehnte sie den Kopf ermattet an die Schulter ihres Mannes und seufzte: „Ach, Josef, ich kann es nicht. Ich kann die Sternenschrift nicht lesen. Du musst uns ihr Geheimnis enträtseln."

Nichts hätte Josef lieber getan. Aber er wusste nur zu gut, dass es hoher Weisheit bedurfte, um die Himmelszeichen zu deuten, einer Weisheit, die seinen Verstand bei weitem überstieg. Und plötzlich rief das, womit er seine junge Frau hatte trösten wollen, in seiner eigenen Seele die tiefste Hilflosigkeit hervor: Die Sterne wussten ihren Weg, aber sie gaben ihn nicht preis. Ach, Eselchen, war dein Rat doch nicht so gut gewesen?

Vielleicht aber hatte Josef ihn auch nur nicht recht verstanden. Die junge Gottesmutter jedenfalls dachte ganz anders als Josef. Sie sagte schlicht: „Wenn wir nicht vermögen, die Himmelsschrift zu lesen, so müssen eben die Sterne selbst uns ihr Geheimnis verraten."

Fromm faltete sie ihre Hände und betete: „Himmlischer Herr, der du waltest über Sonne und Sterne, der du deine Geheimnisse in goldenen Buchstaben ans Firmament geschrieben hast, offenkundig für alle, aber nur von den Weisen zu ergründen, himmlischer Herr, sag doch den Sternen, dass sie uns ihr Geheimnis

116

enthüllen sollen. Denn siehe, wir stehen hier mutterseelenallein in der weißen Einsamkeit und wissen nicht mehr, woher wir kamen, noch, wohin wir uns wenden sollen."

Josef lauschte ihr, und trotz all ihrer Not wollte er schon lächeln über die kindliche Einfalt Marias. Aber er lächelte nicht. Denn auf einmal war die Luft erfüllt von hellem Klingen. Es war, als würden kleine Glöckchen geläutet oder helle Saiten angeschlagen. Was aber so glockenhell tönte, das waren die Sterne, die sich zur Erde heruntersenkten, tiefer und immer tiefer. Während sie herabsanken, ordneten sie sich hübsch einer zum anderen, bis sie endlich direkt vor den Füßen Marias eine glitzernd-leuchtende Spur in den reinen Schnee schrieben.

Josef fühlte, wie ihm das Herz in der Brust schlug, als wollte es zerspringen.

Der Herr des Himmels hatte auf die Worte seiner jungen Frau gelauscht, hatte sich ihr zugeneigt und auf die Erde geschrieben, was er bisher nur dem Firmament anvertraut hatte, hatte es so klar und deutlich in den Schnee gezeichnet, dass jeder es lesen und befolgen konnte. Josef fühlte den Himmelsherrn so nahe, dass er meinte, vor seiner Nähe vergehen zu müssen.

Da hörte er, wie Maria fröhlich in die Hände klatschte und jubelnd rief: „Hab Dank, du lieber, lieber Gott" und dann, zu Josef gewandt: „Ist sie nicht schön, unsere Sternenstraße, ist sie nicht über alle Maßen schön?"

Mit diesen Worten ergriff sie seine Hand und zog den Zögernden fort, mit ihr zu wandern, wohin der lichte Weg sie führen mochte.

Noch schneller allerdings als selbst Maria war das Eselchen gewesen. Das hatte, kaum dass sich die Sterne im Schnee geordnet hatten, wiederum den Kopf gereckt und „I-ah" gerufen – es hatte diesmal ganz und gar zufrieden geklungen, dann war es mit klingenden Hufen auf der Sternenstraße vorausgeeilt. Wie es so dahertrippelte, hörte es sich gerade so an, als würden zahllose Weihnachtsglöckchen geläutet. Das tönte hell in die weiße Nacht hinein, als wollte es rufen: „Kling-klang, kling-klang, schaut her, ihr schlafenden Menschen, hier wandert das heilige Paar auf seiner Sternenstraße, hier gehen Maria und Josef auf ihrem Weg nach Bethlehem. Denn das Wunder, die Geburt des göttlichen Kindes, das Wunder soll sich ereignen, soll sich sehr bald ereignen. Kling-klang, kling-klang.

Georg Dreißig

Am Weihnachtstag

In der Krippe ruht ein neugeboren
und schlummernd Kindlein; wie im Traum verloren
die Mutter kniet, Weib und Jungfrau doch.
Ein ernster, schlichter Mann rückt tief erschüttert
das Lager ihnen, seine Rechte zittert
dem Schleier nahe um den Mantel noch.

Und an der Türe stehn geringe Leute,
mühsel'ge Hirten, doch die ersten heute,
und in den Lüften klingt es süß und lind,
verlorne Töne von der Engel Liebe:
„Dem Höchsten Ehr und allen Menschen Friede,
die eines guten Willens sind!"

Annette von Droste-Hülshoff

118

Durch finstere Straßen

Durch finstere Straßen, durch Kälte und Wind,
trägt Mutter Maria ihr kleines Kind.
Hat niemand ein Plätzchen, ein warmes Bett
für die müden Wanderer aus Nazareth?

Nur ein Stall auf dem Felde, arm und klein,
ladet Maria und Joseph ein.
Dort legt die Mutter demütig froh
den Heiland der Welt ins Krippenstroh.

Die Öchslein stehn stille und rühren sich nicht,
schaun dem schlafenden Knäblein ins Angesicht;
jedes Futter und Trank vergisst,
als wüssten sie wohl, wer das Kindlein ist.

Margarete Seemann

119

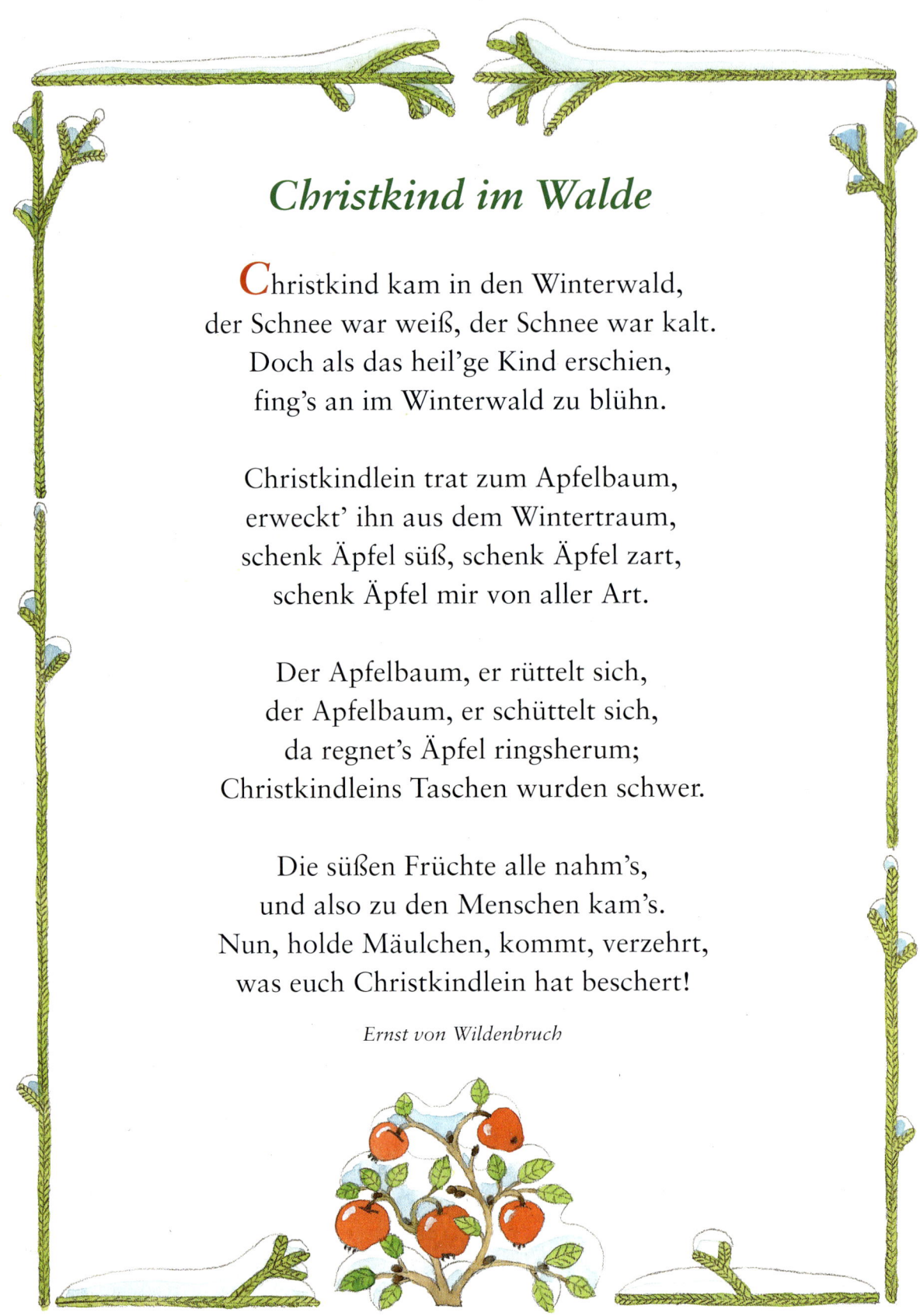

Christkind im Walde

Christkind kam in den Winterwald,
der Schnee war weiß, der Schnee war kalt.
Doch als das heil'ge Kind erschien,
fing's an im Winterwald zu blühn.

Christkindlein trat zum Apfelbaum,
erweckt' ihn aus dem Wintertraum,
schenk Äpfel süß, schenk Äpfel zart,
schenk Äpfel mir von aller Art.

Der Apfelbaum, er rüttelt sich,
der Apfelbaum, er schüttelt sich,
da regnet's Äpfel ringsherum;
Christkindleins Taschen wurden schwer.

Die süßen Früchte alle nahm's,
und also zu den Menschen kam's.
Nun, holde Mäulchen, kommt, verzehrt,
was euch Christkindlein hat beschert!

Ernst von Wildenbruch

Was Lololith in der Weihnachtsnacht erlebte

Es ist dann doch noch alles gut geworden bei jenem Weihnachtsfest. Als Valentin am Nachmittag des Heiligabends bemerkte, dass Lololith verschwunden war, sah es allerdings noch gar nicht danach aus. Valentin war mit Jörg beim Staigerhof gewesen. Dort hatte ihnen Tante Anna so viele Päckchen für die ganze Familie mitgegeben, dass ihm gar keine Hand mehr für den Puppenjungen frei blieb. So legte er ihn neben sich auf den Schlitten. Als sie zu Hause ankamen, war Lololith nicht mehr da. Zwar war der große Bruder sogleich mit Valentin umgekehrt, und sie hatten den Weg noch einmal abgesucht. Aber in der schnell hereinbrechenden Dunkelheit hatten sie den Puppenjungen nirgends mehr entdecken können.

Bei der Bescherung spiegelte sich darum das Licht der Kerzen glitzernd in den Tränen des unglücklichen Puppenvaters. Als er aber gar aus einem von Tante Annas Päckchen eine neue Jacke für Lololith herausholte, flossen die eben versiegten Tränen noch einmal reichlich. Allzu deutlich sprach das Geschenk davon, dass die Puppe verloren war.

So eine verweinte Bescherung hatte es auf dem Halterhof seit Menschengedenken noch nicht gegeben.

Früher als sonst am Heiligabend ging Valentin zu Bett. Fest drückte er das wollene Lämmlein, das er bekommen hatte, an sich, um sich von ihm trösten zu lassen. Aber das Schäfchen verstand sich noch nicht auf jene Kunst, die Lololith so wunderbar beherrschte. Der Junge musste sich noch oft von einer Seite auf die andere rollen, ehe er endlich Schlaf fand.

Draußen stieg der volle Mond empor und tauchte die Schneelandschaft in sein silbernes Zauberlicht: den Hof und die kahlen Äcker, den Wald und den Weg, auf dem noch die Schlittenspur glänzte. Er leuchtete auch hell auf den Busch, unter dem der Puppenjunge immer

noch genauso lag, wie er vor Stunden vom Schlitten gefallen war.
So nahte die heilige Stunde.

Als aber fern in der Stadt die Glocken Mitternacht läuteten, begann
Lololith auf einmal, sich zu regen. Er setzte sich auf und rieb den
Schlaf aus den Augen. Dann schaute er sich verwundert um.

„Wo bin ich denn?", fragte er leise. „Und wo ist Valentin? Wieso
bin ich denn nicht in meinem Bettlein?"

„Du bist bei mir", flüsterte der Busch, „und ich schütze dich vor
Wind und Wetter, so gut ich kann."

„Aber ich will nicht hier bleiben", erwiderte Lololith und erhob sich.
„Ich will doch heim zu Valentin. Ach, wenn ich nur wüsste, wohin
ich gehen muss."

„Wir wollen dich führen", piepsten da zwei Mäuslein, die unter der Wurzel des Busches ihre Nasen hervorsteckten. „Wir kennen den Weg. Doch er ist weit, und du wirst flink laufen müssen, denn die Stunde ist bald um."

„Die Stunde?", fragte Lololith erstaunt. „Von welcher Stunde redet ihr?"

„Von der heiligen Stunde", erwiderten die Mäuslein, „von der Stunde, in der Pflanzen und Tiere mit Menschenstimme sprechen können und du selbst lebendig bist wie unsereins."

Da hatte Lololith es eilig und folgte den Mäuslein, so schnell er konnte.

Was machte der Puppenjunge für große Schritte! Dennoch verrann die Zeit, und immer noch war der Weg zum Halterhof weit. Als sie zum Wald kamen, musste Lololith eine Pause machen.

„Ich kann nicht mehr laufen", klagte er atemlos. „Meine Beine tragen mich einfach nicht mehr."

„Ich will dich tragen", hörte er da jemanden sagen.

In der Dunkelheit sah er zwei gelbe Augen blitzen, und dann stand der Fuchs vor ihm.

„Setz dich auf meinen Rücken, Puppenkind", forderte er Lololith freundlich auf, „ich will dein Pferdchen sein in dieser heiligen Stunde."

Der Puppenjunge ließ sich nicht zweimal bitten. Flink sprang er auf den Rücken des Fuchses und hielt sich in dessen Nackenfell fest. Über die Schulter rief er den Mäuslein schnell einen Dank zu. Dann rannte der Fuchs bereits mit ihm durch den Wald und über das weite weiße Feld, das dahinter lag, bis sie den Halterhof erreichten. Erst als er beim Bauernhaus angelangt war, hielt der Fuchs an und ließ Lololith sacht zu Boden gleiten.

„Frohe Weihnachten, Puppenkind", wünschte ihm der Fuchs, ehe er wieder davonschlich, „und sag deinen Leuten ruhig, dass ich es war, der dir heute Nacht geholfen hat."

Das wollte Lololith gern tun. Nun wanderte er um das große Bauernhaus herum, einmal und noch einmal. Wie aber sollte er nur zu Valentin hineinkommen? Dessen Zimmer lag hoch oben unter dem Dach. So sehr er sich auch recken mochte, da kam er niemals hinauf.

Da hörte Lololith das leise Rauschen großer Schwingen, und dann sah er die Eule, die sich vor ihm auf die Stufen des Hauses setzte. „Ich kann dich gern hinauftragen", erbot sie sich, „wenn du mir zeigst, hinter welchem Fenster du zu Hause bist."

Vorsichtig nahm sie den Puppenjungen in ihre großen Klauen und erhob sich mit ihm in die Lüfte, und Lololith zeigte ihr das Fenster, hinter dem Valentin unruhig schlief. Vor dem Fenster war ein breites Brett, auf dem im Sommer die Geranientöpfe standen. Darauf setzte die Eule den Puppenjungen nieder.

„Danke", wollte der sagen. Doch da war die heilige Stunde eben zu Ende, und der Puppenjunge fiel, bums, mit dem Kopf gegen die Fensterscheibe.

Auch das „Fröhliche Weihnachten" der Eule klang nur noch wie ein ganz gewöhnliches „Uhuu uhuu".

Drinnen im Bett aber richtete sich ein kleiner Junge auf. Ob er vom „Bums" des Puppenkopfes oder vom „Fröhliche-Weihnachten-Uhuu" der Eule erwacht war, weiß ich nicht.

„Lololith", flüsterte Valentin und zog den Vorhang beiseite.

Er war gar nicht verwundert, den Puppenjungen dort zu finden. Jemand musste ihm wohl im Traum bereits verraten haben, dass Lololith dort auf ihn wartete. Schnell öffnete er das Fenster und holte ihn zu sich herein. Im Bettlein wurde dem Puppenjungen bald wieder warm.

Eigentlich wollte Valentin ja von Lololith noch erfahren, wo er denn gewesen und wie er auf das Fensterbrett gekommen sei. Doch noch ehe er den Puppenjungen dies alles fragen konnte, war das glückliche Kind schon wieder eingeschlafen.

Beim Wiedersehen mit Lololith am nächsten Morgen gab es im Haus ein freudiges Hallo und manches Rätselraten, wie die Puppe wohl wieder heimgefunden hatte. Aber auf dem Fensterbrett lag eine weiche Eulenfeder und bis ans Haus heran führten durch den Schnee frische Fuchsspuren. Da haben sich die Leute schon denken können, wer Lololith in dieser Nacht geholfen hatte und wem sie Dank schuldeten.

Georg Dreißig

Das Weihnachtsevangelium

*E*s begab sich aber zu der Zeit, dass ein Befehl von Kaiser Augustus ausging, dass alle Einwohner unter römischer Herrschaft gezählt würden. Diese Zählung war die erste und geschah zu einer Zeit, da Quirinius Statthalter in Syrien war. Und jedermann ging, dass er sich zählen ließe in seine Heimatstadt.

Da machte sich auch auf Joseph aus Galiläa, aus der Stadt Nazareth, in das jüdische Land zur Stadt Davids, die da heißt Bethlehem, weil er von dem Hause und dem Geschlechte Davids war, damit er sich zählen ließe mit Maria, seinem angetrauten Weibe. Die war schwanger.

Und als sie in Bethlehem waren, kam die Zeit, dass sie gebären sollte. Und sie gebar einen Sohn und wickelte ihn in Windeln und legte ihn in die Krippe, denn sie hatten sonst keinen Raum in der Herberge und mussten im Stall schlafen.

Und es waren Hirten in derselben Gegend auf dem Felde, die hüteten des Nachts ihre Herde. Und siehe: Der Engel des Herrn trat zu ihnen, und die Klarheit des Herrn leuchtete um sie und sie fürchteten sich sehr. Und der Engel sprach zu ihnen:

„Fürchtet euch nicht! Siehe, ich verkünde euch große Freude, die allem Volk widerfahren wird; denn euch ist heute der Heiland geboren, welcher ist Christus, der Herr, in der Stadt Davids. Und das habt zum Zeichen: Ihr werdet finden das Kind in Windeln gewickelt und in einer Krippe liegen."

Und alsbald war da bei dem Engel die Menge der himmlischen Heerscharen, die lobten Gott und sprachen:

„Ehre sei Gott in der Höhe und Friede auf Erden und den Menschen ein Wohlgefallen!"

Und als die Engel von ihnen gen Himmel fuhren, sprachen die Hirten untereinander: „Lasst uns nun gehen nach Bethlehem und

die Geschichte sehen, die da geschehen ist, die uns der Herr kund-
getan hat."

Und sie kamen eilend und fanden beide, Maria und Joseph, dazu das
Kind in der Krippe liegen. Als sie es aber gesehen hatten, breiteten sie
das Wort aus, welches zu ihnen von diesem Kinde gesagt war.

Und alle, vor die es kam, wunderten sich über das, was ihnen die
Hirten gesagt hatten. Maria aber behielt alle diese Worte und bewegte
sie in ihrem Herzen. Und die Hirten kehrten wieder um, priesen und
lobten Gott für alles, was sie gehört und gesehen hatten, wie denn zu
ihnen gesagt war.

Lukas 2,1–20

Der kleine Hirte und der große Räuber

In jener Nacht, als die Schafweide vom Glanz der himmlischen Boten erfüllt war, hörte auch ein kleiner Hirte die Nachricht von der Geburt des Gottessohnes. Er stand auf, rollte seine Decke zusammen, füllte einen Krug mit Milch und packte Brot und Schinken in ein Bündel. Das alles wollte er dem göttlichen Kind als Geschenk mitbringen. Voller Freude machte er sich auf den Weg nach Bethlehem.

In dieser Gegend hauste ein großer Räuber. Von seiner Höhle aus sah er den hellen Schein über der Schafweide. Er hörte jubelnden Gesang, aber er konnte die Worte nicht verstehen. Er dachte: „Die feiern ein Fest, ich aber sitze allein in meiner Höhle und mein Magen knurrt vor Hunger. Ich will mich anschleichen und sehen, was ich rauben kann."

Kaum war der große Räuber aus seiner Höhle herausgekommen, da musste er sich hinter einem Baum verstecken. Denn einer nach dem anderen zogen die Hirten an ihm vorbei. Sie schleppten Körbe mit Käse und Honig, sie trugen Rucksäcke voll Wolle und einer führte sogar ein Lamm mit sich. Der Letzte in der Reihe war der kleine Hirte. Er ging langsam, denn seine Last war schwer. In der einen Hand trug er das Essensbündel, in der anderen den Krug und die Rolle mit der Decke hatte er sich um die Schultern gelegt. Der Räuber sah, wie der Abstand zwischen dem kleinen Hirten und seinen Gefährten immer größer wurde.

„Das ist mir recht", dachte der große Räuber. Und er schlich dem kleinen Hirten nach und lauerte auf eine Gelegenheit ihn zu überfallen. In dieser Nacht aber herrschte ein seltsames Kommen und Gehen auf allen Wegen. Gerade die Ärmsten im Lande konnten nicht schlafen. Viele krochen aus ihren Hütten, sahen zum Himmel hinauf und fragten, ob etwas Besonderes geschehen sei. Auch ein alter Mann stand vor seiner Tür, als der kleine Hirte vorüberging. Der alte Mann schlug die Hände um seinen Leib und er trat von einem Bein auf das andere.

„Was ist mit dir?", fragte der kleine Hirte.

„Ich friere", sagte der alte Mann. „Vor Kälte kann ich nicht schlafen."

Da nahm der kleine Hirte die Decke von seinen Schultern und gab sie dem alten Mann. „Nimm nur", sagte er. „Dem kleinen Gottessohn ist es sicher recht, wenn du seine Decke hast."

Der große Räuber, der dem kleinen Hirten nachgeschlichen war, ärgerte sich. „Schenkt der die Decke her, die ich rauben will!", dachte er.

Bald darauf fand der kleine Hirte ein Mädchen, das saß vor seiner Hütte und weinte.

„Was ist mir dir?", fragte er.

„Ich habe Durst", klagte das Mädchen. „Vor Durst kann ich nicht einschlafen. Und der Weg zum Brunnen ist weit und finster."

Der kleine Hirte gab dem Mädchen den Krug mit der Milch. „Nimm nur", sagte er. „Dem kleinen Gottessohn ist es sicher recht, wenn du seine Milch trinkst."

Das Mädchen freute sich, aber der Räuber, der dem kleinen Hirten nachgeschlichen war, ärgerte sich noch mehr. „Schenkt der die Milch her, die ich rauben will!", dachte er. „Ich muss mich beeilen, dass ich wenigstens das Bündel erwische."

Und sein hungriger Magen knurrte ganz laut in der stillen Nacht.

Bei der nächsten Wegbiegung sprang der Räuber mit einem gewaltigen Satz auf den kleinen Hirten los.

Der kleine Hirte sah den großen Räuber an. „Ist das dein Magen, der so schrecklich knurrt?", fragte er. „Die ganze Zeit schon höre ich dieses Knurren hinter mir. Du tust mir Leid. Da, nimm und iss! Dem kleinen Gottessohn ist es sicher recht, wenn ich dir sein Essen gebe."

Der Räuber aß das Brot und den Schinken und ließ nicht das kleinste Stückchen übrig, aber es wurmte ihn, dass er das Essen geschenkt bekommen hatte.

„Jetzt muss ich mit leeren Händen vor dem kleinen Gottessohn stehen", sagte der Hirte traurig. „Aber hingehen und ihn begrüßen

will ich doch und ihm sagen, dass ich mich über seine Geburt freue."
Und er erzählte dem Räuber, was die himmlischen Boten verkündet
hatten.

Der Räuber dachte: „Wenn Gottes Sohn geboren ist, kommen
bestimmt auch alle reichen Leute und es wird ein herrliches Fest.
Ob da für mich was abfällt?"

„Komm doch mit!", sagte der kleine Hirte mitten in die Gedanken
des großen Räubers und der große Räuber ging mit ihm.

Als sie aber in Bethlehem angekommen waren, staunte der Räuber
sehr. Denn da fanden sie nur einen Stall, in dem die Hirten ein- und
ausgingen, und eine junge Mutter, die aus der Hirtenwolle eine kleine
Decke webte, und einen armen Mann, der Bretter zu einem kleinen
Bett zusammenfügte. Das göttliche Kind lag in einer Krippe, mit
nichts als ein bisschen Stroh und ein paar Windeln unter sich.

„Diesem Kind habe ich das Brot und den Schinken weggegessen",
dachte der große Räuber und schämte sich.

„Schau, Jesus", sagte die Mutter Maria, „da ist ein kleiner Hirte zu
dir gekommen; er hat dir einen großen Räuber mitgebracht."

Die Mutter Maria lächelte den kleinen Hirten an und der verstand
auf einmal, dass er doch nicht mit leeren Händen gekommen war.

Und die Mutter Maria lächelte den großen Räuber an und der war
ganz verwirrt und dachte: „Da stimmt etwas nicht! Große Räuber
tun keinem Leid, bekommen nichts geschenkt und werden von niemandem angelächelt. Mir scheint, ich bin gar kein großer Räuber
mehr."

„Mir scheint, du könntest ein großer Hirte werden", sagte da die
Mutter Maria. „Du bist so stark. Starke Hirten braucht man immer."

„Ich will's versuchen", brummte der große Räuber, der eigentlich
schon keiner mehr war.

Und sie verabschiedeten sich und gingen den Weg zu der Schafweide
zurück; ein kleiner Hirte und ein großer Hirte.

Lene Mayer-Skumanz

Weihnachtslied

Vom Himmel in die tiefsten Klüfte
ein milder Stern herniederlacht.
Vom Tannenwalde steigen Düfte
und hauchen durch die Winterlüfte
und kerzenhelle wird die Nacht.

Mir ist das Herz so froh erschrocken,
das ist die liebe Weihnachtszeit!
Ich höre ferner Kirchenglocken
mich lieblich heimatlich verlocken
in märchenstille Herrlichkeit.

Ein frommer Zauber hält mich wieder,
anbetend, staunend muss ich stehn;
es sinkt auf meine Augenlider
ein goldner Kindertraum hernieder,
ich fühl's, ein Wunder ist geschehn.

Theodor Storm

Ihr Hirten erwacht

Ihr Hirten erwacht!
Seid munter und lacht!
Die Engel sich schwingen
vom Himmel und singen:
Die Freude ist nah,
der Heiland ist da.

Ihr Hirten, geschwind!
Kommt, singet dem Kind!
Blast in die Schalmeien,
sein Herz zu erfreuen!
Auf, suchet im Feld
den Heiland der Welt.

Sie hörten das Wort
und eilten schon fort.
Sie kamen in Haufen
im Eifer gelaufen
und fanden da all
den Heiland im Stall.

Die kannten geschwind
das himmlische Kind.
Sie fielen darnieder
und sangen ihm Lieder
und bliesen dabei
die Pfeif' und Schalmei.

Volksgut

133

Kapitel V

Heilige Drei Könige und Silvester

Silvester

Das Gute an Weihnachten ist, dass gleich danach schon wieder das nächste Fest kommt. Das ist Silvester.

„Silvester ist viel besser als Weihnachten", sagt Jesper. „Silvester kann man ordentlich knallen."

„Aber nicht bei uns!", sagt Papa energisch. „Ich hab schon ein schlechtes Gewissen, weil wir unseren Tannenbaum immer schlagen und keinen im Topf kaufen. Wenigstens bei dieser Umweltsauerei zu Silvester will ich nicht mitmachen."

„Umweltsauerei, immer Umweltsauerei!", sagt Jesper maulig. „Ich sau ja gar nicht! Ich knall ja nur!"

Aber Papa sagt trotzdem nein. Nur bunte Luftschlangen kauft er ganz viele, damit sie das Wohnzimmer und das Kinderzimmer schmücken können, und auch noch drei Pappnasen für die Kinder.

Am Silvestermorgen muss Mama unbedingt noch mal einkaufen.

„Ich geh mit", sagt Jesper. „Darf ich, Mama? Ich stör dich auch bestimmt kein bisschen!"

„Nanu?", sagt Mama verblüfft. „Sonst magst du doch überhaupt nicht mit, wenn ich einkaufe?"

Aber da ist Jesper schon fertig angezogen und Janna auch und Papa sagt, dass er dann mit Jule auch nicht alleine zu Hause bleiben will. Darum kommt er auch mit.

Im Supermarkt sind die Weihnachtssachen längst weggeräumt. Dafür hängen Papierschlangen über riesigen Pyramiden aus Sektflaschen und die Verkäuferinnen an der Käsetheke haben komische, bunte Hüte auf.

„Oh, Silvester, wie toll!", sagt Janna und Jule zieht eine Papierschlange vom Spülmittelregal.

Aber das Allertollste kommt erst noch. Das Allertollste kommt hinten neben dem Fleischstand, wo Mama jetzt gerade in der Schlange steht.

Heute Abend kommen nämlich Reineckes zum Feiern und da soll es Fondue geben.

„Guck mal, Janna, die Knaller!", schreit Jesper.

Neben dem Fleischstand, wo sonst immer das Gewürzbord steht, sind jetzt zwei riesige Tische mit Silvestersachen aufgebaut.

„Sogar Chinaböller gibt es, Papa, und Sonnenräder und Raketen!"

„O ja, guck mal, Papa", sagt Janna und zieht Papa ganz vorsichtig an der Hose.

Papa hat Jule auf dem Arm, damit sie nicht in all die bunten Silvestersachen greift, und Jule schreit: „Haben! Haben, Jule!", und zappelt wie verrückt. Darum ist Papa natürlich nicht so besonders guter Laune.

„Ich hab euch doch gesagt …!", sagt Papa und er kann Jule gerade noch schnappen, bevor sie sich kopfüber zwischen die Tischfeuerwerke stürzt.

„Nur einen ganz kleinen Goldregen, Papa?", fragt Janna mit ihrer liebsten Stimme. „So einen ganz winzigen niedlichen Goldregen?" Papa setzt Jule auf seine Schultern und seufzt.

„Okay, einen Goldregen", sagt er. „Für jedes Kind. Und meinetwegen einen Silberregen dazu."

„Und so klitzekleine fergalische Zündhölzer vielleicht, Papa?", sagt Janna wieder. Mit ihrem Finger tippt sie ganz vorsichtig gegen Papas Bein.

„Die fergalischen, die so bunt sind?"

„Also meinetwegen!", sagt Papa. Auf seinen Schultern versucht Jule jetzt über seinen Kopf zu klettern.

„Meinetwegen auch bengalische Zündhölzer. Eine Packung. Aber dann ist …!"

„Und Knallerbsen?", sagt Janna schnell. „Die gar nicht gefährlich sind, Papa? Teil ich mir mit Jesper. Knallerbsen auch?"

„Gut, also Knallerbsen", sagt Papa ungeduldig.

„Eine Schachtel für Jesper und eine für dich. Aber dann ist Schluss!"

„Oh, du bist aber lieb, Papa, vielen Dank!", sagt Janna und packt die Sachen ganz schnell in den Einkaufswagen. „Das ist aber ein tolles Silvester!"

Da versucht Jesper es auch noch mal. „Und eine klitzekleine Packung Chinaböller, Papa?", flüstert er. „Und eine ganz klitzekleine Packung Raketen?"

„Nein!", sagt Papa so laut, dass ein paar Leute sich zu ihm umdrehen. „Nein hab ich gesagt! Schluss ist Schluss!"

So ist es immer, denkt Jesper böse. Mal wieder typisch ungerecht. Janna muss nur mit ihrer Babystimme fragen, schon kriegt sie alles, was sie will, aber wenn Jesper …

„So, mit dem Fleisch bin ich fertig!", sagt Mama. „Habt ihr schon gewartet? Jetzt kaufen wir noch ein paar Fonduesoßen, die schummeln wir zwischen die selbst gemachten."

„Ketchup musst du nehmen, Mama", sagt Jesper schnell. Mit den Böllern klappt es nun ja sowieso nicht. „Den gibt es jetzt mit dem vollen Geschmack reifer Tomaten! In der praktischen Familienflasche, Mama. Guck mal, den da."

Aber Mama sagt, sie braucht Fonduesoßen, vielen Dank, und dann gehen sie gleich zu den Kassen.

Auf dem Weg fällt Mama ein, dass sie noch ordentlich Saft kaufen müssen, für die Kinderbowle.

„Oder Cola, Mama?", sagt Jesper schnell. „Können wir lieber Cola?"

„Saft", sagt Mama entschieden. „Und daraus machen wir die beste Bowle …"

„Dann diesen da!", sagt Jesper und hält Mama eine Flasche Orangensaft hin. „Da sind zwölf sonnengereifte Apfelsinen drin!"

„Da sind was?", fragt Mama verblüfft.

„In jeder Flasche!", sagt Jesper aufgeregt.

„Zwölf sonnengereifte Apfelsinen! Weiß ich von Nicki!"

„Der rennt rum und zählt die Apfelsinen in den Flaschen?", fragt Mama. „Wie macht der das?"

„Nicki doch nicht!", sagt Jesper ungeduldig. „Das Fernsehen! Da sagen sie das immer! Zwölf sonnengereifte …"

„Hätte ich mir ja denken können", sagt Mama.

Aber den Saft kauft sie nicht. Sie kauft einen anderen, den Jesper bei Nicki noch nie im Fernsehen gesehen hat, und auch als Jesper ihr erklärt, dass in dem Fernsehsaft auch noch Vitamine drin sind und Kalzium, lässt sie sich nicht umstimmen. Da gibt Jesper auf.

Am Nachmittag dekorieren sie das Wohnzimmer und das Kinderzimmer mit Luftschlangen und dann kommen Reineckes mit Manja. Manja ist so alt wie Janna, aber sie hat keinen großen Bruder, und darum schreit sie immer gleich, wenn Jesper sie ein winziges bisschen schubst oder ganz laut „Buh!" ruft. Mamas ganz besonders leckere

Kinderbowle will sie auch nicht, weil da Ananasstückchen drin schwimmen, und Ananas mag Manja nicht. Darum möchte sie gerne Cola und das hatte sich Jesper ja gleich gedacht. Aber Mama wollte im Geschäft natürlich mal wieder nicht auf ihn hören.

Trotzdem wird es ein wunderschönes Silvester. Zuerst essen alle Fondue, mit Papphüten auf den Köpfen, und dann sitzen die Erwachsenen im Wohnzimmer und trinken Sekt und die Kinder sitzen im Kinderzimmer und essen Berliner und zwischendurch schleichen sie sich zum Wohnzimmer und schmeißen mit Luftschlangen. Jule schläft bei all dem Krach mitten auf dem Fußboden ein, obwohl sie noch angezogen ist, und Jesper und Janna bauen sich mit Manja unter dem Küchentisch eine Silvesterhöhle. Da legen sie ganz viele Kissen rein, bis es richtig gemütlich ist, und dann kuscheln sie sich zusammen und spielen, dass sie arme Kinder im Wald sind und die Berliner sind ein armselig trocken Brot. Bis Janna auch eingeschlafen ist.

Aber Jesper weckt sie ganz schnell wieder auf.

Jesper hätte sich nie gedacht, dass Silvester so anstrengend sein kann. Weil es nämlich ungefähr hundert Stunden dauert bis Mitternacht und vorher darf man nicht schlafen, weil man dann das Feuerwerk verpasst. Aber dann schlägt im Fernsehen doch endlich die Uhr und die Erwachsenen küssen sich und sagen „Prost Neujahr", und dabei donnern sie ihre Sektgläser gegeneinander, dass Mama ein bisschen Sekt auf Frau Reineckes Kleid verschüttet. Aber die sagt, es macht überhaupt nichts.

Hinterher gehen sie vor die Haustür und da ist ordentlich was los. Raketen zischen in den Himmel, Sonnenräder drehen sich am Zaunpfosten und immer muss man aufpassen, dass man keinen Knallfrosch gegen die Beine kriegt.

„Toll!", sagt Jesper, aber Janna hat ein bisschen Angst und will nicht mal mehr ihren Goldregen selber halten. Nur die Knallerbsen pfeffert sie auf den Boden, aber bei all dem vielen Feuerwerk kann man gar nichts davon hören. Da muss Janna fast ein bisschen weinen.

Am nächsten Morgen wachen alle erst auf, als es schon beinahe Mittag ist. Nur Jule ist schon um halb sieben wach geworden und natürlich Mama. Die hat schon alles schön aufgeräumt und die Fonduesachen abgewaschen und zum Frühstück backt sie im Ofen die letzten Berliner auf und sagt, nun sollen aber alle mal ordentlich essen, weil es das Mittagessen heute erst am Abend gibt. Da ist es sogar noch mal ein besonderer Tag.

„Aber nun guck dir das an, Jesper!", sagt Papa und hebt Jesper aufs Fensterbrett. „Was da draußen alles rumliegt! All die Hüllen von den Knallsachen! Verstehst du jetzt, warum die Silvesterknallerei eine Umweltsauerei ist?"

„Versteh ich gut, mhm, Papa, versteh ich gut", sagt Jesper und guckt nach draußen. Mindestens tausend Papphüllen liegen draußen auf dem Fußweg. Und manche sehen so aus, als wären sie noch ganz gut.

„Da mach ich lieber mal Umweltschutz, Papa, soll ich?", fragt Jesper und klettert schnell vom Fensterbrett. „Wenn du mir eine Plastiktüte gibst. Dann sammel ich den ganzen Kram da weg. Dann ist alles wieder sauber."

„Das willst du tun, Jesper?", sagt Papa und er sieht ganz gerührt aus. „Das willst du wirklich tun? Jetzt freu ich mich aber über dich, du."

„Klar, ich mach jetzt Umweltschutz", sagt Jesper und steigt ganz fix in seine Winterstiefel.

„Dass die Sauerei vorbei ist. Gib mir mal 'ne Tüte." Und dann saust er schnell die Treppe nach unten und vor die Haustür. Eigentlich hat Jesper gedacht, dass noch viele Böller heil sind. Von oben hat das so ausgesehen. Aber leider sind die meisten doch schon abgeknallt und Jesper muss erst ganz viele leere Hüllen in seine Plastiktüte tun, bevor er endlich einen richtigen Böller findet. Einen mit Zündschnur dran, der noch funktioniert.

„Nanu?", sagt Papa, als Jesper an der Wohnungstür Sturm klingelt. „Deine Begeisterung für den Umweltschutz hat aber nicht lange angehalten, Jesper! Das waren ja höchstens zehn Minuten!"

„Da ist ein neuer Böller, Papa!", schreit Jesper und schmeißt die Tüte auf den Flur. So besonders voll ist sie wirklich nicht. „Das ist ein heiler Böller, den müssen wir unbedingt knallen lassen! Sonst findet ihn noch ein kleines Kind und tut sich weh! Komm, lass den mal knallen, Papa, jetzt gleich!"

Papa lacht, aber er geht mit vor die Haustür und zündet den Böller an, und er knallt wirklich furchtbar laut. Also hat sich der Umweltschutz doch gelohnt. Darum nimmt Jesper sich hinterher auch wieder seine Tüte und sucht weiter, aber leider ist jetzt absolut nichts mehr zu finden.

Da setzt Jesper sich auf die Mülltonnenboxen und wartet, dass einer kommt, mit dem er spielen kann. Die besonderen Tage sind jetzt vorbei. Jetzt kommen ganz lange nur die normalen.

Kirsten Boie

142

Das kleine Mädchen mit den Streichhölzern

Es war fürchterlich kalt. Es schneite und begann dunkler Abend zu werden, es war der letzte Abend im Jahr, Silvesterabend! In dieser Kälte und in dieser Finsternis ging ein kleines, armes Mädchen mit bloßem Kopfe und nackten Füßen auf der Straße. Sie hatte freilich Pantoffeln gehabt, als sie von zu Hause wegging, aber was half das! Es waren sehr große Pantoffeln, ihre Mutter hatte sie zuletzt getragen; so groß waren sie, dass die Kleine sie verlor, als sie sich beeilte, über die Straße zu gelangen, weil zwei Wagen gewaltig schnell daherjagten. Der eine Pantoffel war nicht wiederzufinden und mit dem anderen lief ein Knabe davon, der sagte, er können ihn gut als Wiege benutzen, wenn er selbst einmal Kinder bekomme.

Da ging nun das arme Mädchen auf den bloßen, kleinen Füßen, die ganz rot und blau vor Kälte waren. In einer alten Schürze hielt sie eine Menge Streichhölzer, und einen Bund trug sie in der Hand. Niemand hatte ihr während des ganzen Tages etwas abgekauft, niemand hatte ihr auch nur einen Schilling geschenkt, hungrig und halberfroren schlich sie einher und sah sehr gedrückt aus, die arme Kleine! Die Schneeflocken fielen in ihr langes, blondes Haar, das sich schön über dem Hals lockte, aber an schönes Aussehen dachte sie freilich nicht. In einem Winkel zwischen zwei Häusern – das eine sprang etwas weiter in die Straße vor als das andere – setzte sie sich und kauerte sich zusammen. Die kleinen Füße hatte sie fest angezogen, aber es fror sie noch mehr, und sie wagte nicht nach Hause zu gehen, denn sie hatte ja keine Streichhölzer verkauft, nicht einen einzigen Schilling erhalten. Ihr Vater würde sie schlagen und kalt war es daheim auch. Sie hatten nur das Dach gerade über sich und da pfiff der Wind herein, obgleich Stroh und Lappen zwischen die größten Spalten gestopft waren. Ihre kleinen Hände waren vor Kälte fast erstarrt. Ach! Ein Streichhölzchen könnte gewiss recht gut tun; wenn sie nur wagen dürfte, eins aus dem Bunde herauszuziehen, es gegen die Wand zu streichen und die Finger daran zu wärmen. Sie zog eins heraus. „Ritsch!" Wie sprühte es, wie brannte es! Es gab eine warme, helle Flamme, wie ein kleines Licht, als sie die Hand darum hielt. Es war ein wunderbares Licht! Es kam dem kleinen Mädchen vor, als sitze es vor einem großen eisernen Ofen mit Messingfüßen und einem Messingaufsatz. Das Feuer brannte ganz herrlich darin und wärmte schön! Die Kleine streckte schon die Füße aus, um auch diese zu wärmen – da erlosch die Flamme, der Ofen verschwand – sie saß mit einem kleinen Stumpf des ausgebrannten Hölzchens in der Hand.

Ein neues wurde angestrichen, es brannte, es leuchtete, und wo sein Schein auf die Mauer fiel wurde sie durchsichtig wie ein Flor. Sie sah gerade in das Zimmer hinein, wo der Tisch mit einem glänzend weißen Tischtuch und feinem Porzellan gedeckt stand, und herrlich dampfte eine mit Pflaumen und Äpfeln gefüllte, gebratene Gans darauf! Und was noch prächtiger war, die Gans sprang von der Schüssel herab, watschelte auf dem Fußboden hin mit Gabel und Messer im Rücken, gerade auf das arme Mädchen kam sie zu. Da erlosch das Streichholz und nur die dicke, kalte Mauer war zu sehen. Sie zündete ein Neues an. Da saß sie unter dem schönsten Weihnachtsbaume. Der war noch größer und schöner geschmückt, als der, den sie letzte Weihnachten durch die Glastür bei dem reichen Kaufmann erblickt hatte. Viel tausend Lichter brannten auf den grünen Zweigen und bunte Bilder, wie sie die Schaufenster schmückten, schauten zu ihr herab. Die Kleine streckte die beiden Hände in die Höhe – da erlosch das Streichholz. Die vielen Weihnachtslichter stiegen höher und immer höher. Nun sah sie, dass es die klaren Sterne am Himmel waren, einer davon fiel herab und zog einen langen Feuerstreifen über den Himmel.

„Nun stirbt jemand!", sagte die Kleine, denn ihre alte Großmutter, die einzige, die sie lieb gehabt hatte, die jetzt aber tot war, hatte gesagt: „Wenn ein Stern fällt, so steigt eine Seele zu Gott empor."

144

Sie strich wieder ein Streichholz an. Es leuchtete ringsumher, und im strahlenden Glanze stand die alte Großmuter glänzend, mild und lieblich da.

„Großmutter!", rief die Kleine. „Oh, nimm mich mit! Ich weiß, dass du auch gehst, wenn das Streichholz ausgeht. Gleich wie der warme Ofen, der schöne Gänsebraten und der große herrliche Weihnachtsbaum!"

Sie strich eiligst den ganzen Rest der Hölzer, der noch in der Schachtel war, an. Sie wollte die Großmutter recht festhalten und die Streichhölzer leuchteten mit solchem Glanze, dass es heller war als am lichten Tage. Die Großmutter war nie so schön, so groß gewesen. Sie hob das kleine Mädchen auf ihren Arm und in Glanz und Freude flogen sie in die Höhe, und da fühlte sie keine Kälte, keinen Hunger, keine Furcht – sie waren bei Gott!

Aber im Winkel am Hause saß in der kalten Morgenstunde das kleine Mädchen mit roten Wangen, mit lächelndem Munde – tot, erfroren am letzten Abend des alten Jahres. Der Neujahrsmorgen ging über der kleinen Leiche auf, die mit Streichhölzern da saß, wovon eine ganze Schachtel verbrannt war. Sie hat sich wärmen wollen, sagte man. Niemand wusste, was sie Schönes erblickt hatte, in welchem Glanze sie mit der alten Großmutter zur Neujahrsfreude eingegangen war!

Hans Christian Andersen

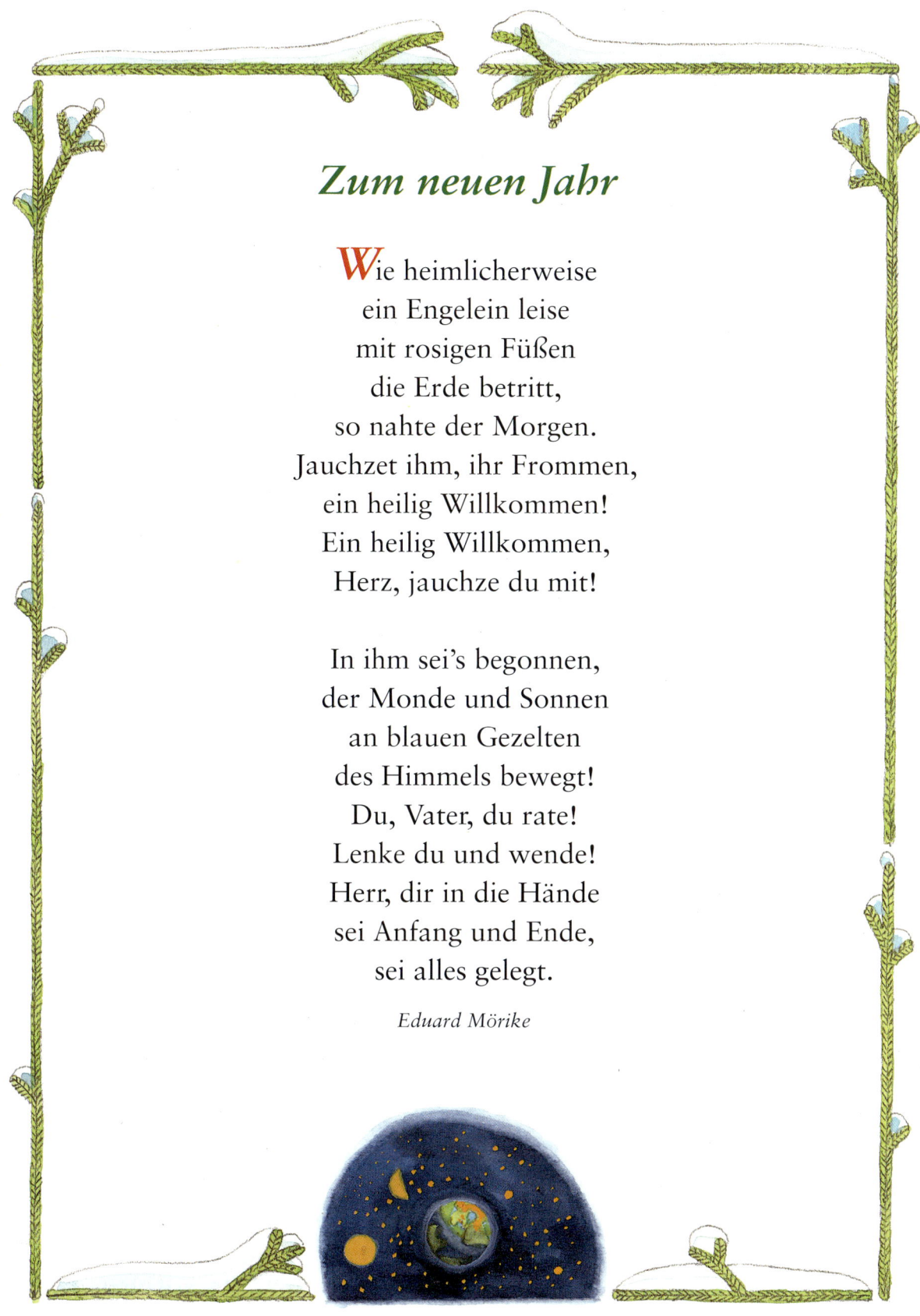

Zum neuen Jahr

Wie heimlicherweise
ein Engelein leise
mit rosigen Füßen
die Erde betritt,
so nahte der Morgen.
Jauchzet ihm, ihr Frommen,
ein heilig Willkommen!
Ein heilig Willkommen,
Herz, jauchze du mit!

In ihm sei's begonnen,
der Monde und Sonnen
an blauen Gezelten
des Himmels bewegt!
Du, Vater, du rate!
Lenke du und wende!
Herr, dir in die Hände
sei Anfang und Ende,
sei alles gelegt.

Eduard Mörike

Die heiligen drei Stimmbrüche

Da war einmal ein Pfarrer in Oberpfennigfuxn, der hatte drei Neffen und drei Nichten. Die drei Schwestern hatten die hellsten und klarsten Stimmen der gesamten Oberpfennigfuxner Pfarrgemeinde. Jedes Jahr nach Weihnachten verkleideten sich die drei Mädchen als Kaspar, Melchior und Balthasar, die Heiligen drei Könige aus dem Morgenland. Dann zogen die Mädchen-Könige von Tür zu Tür und sammelten Spenden für den Kirchenchor.

In diesem Jahr, am Vorabend des sechsten Januar, dem Dreikönigstag, kamen die Schwestern mit hängenden Köpfen zur Pfarrhaustür hereingetrottet. Kaspar lief eine Träne über ihre schwarze Schminke.

„Um Gottes Willen, was ist denn mit euch passiert?", schlug der Pfarrer die Hände zusammen.

„Den ganzen Nachmittag haben wir gesungen!", empörte sich Balthasar.

„Besser als die Regensburger Domspatzen!", setzte Melchior hinzu.

„Ja also, dann ist doch alles ...", der Pfarrer verstummte. Balthasar hatte trotzig die Spendenbüchse geschüttelt, die hohl und leer und blechern verkündete, dass sich darin nur ein Geldstück befand.

„Und weißt du was, Onkel? Ich glaube, das ist nicht einmal eine Münze, sondern nur ein alter Knopf!", rümpfte Melchior angewidert ihre gepuderte Nase.

Balthasar erzählte: „Bei Familie Kaniggerich haben wir angefangen. Eine ganze Viertelstunde lang alle Lieder rauf- und runtergesungen. Die wollten sogar eine Zugabe, weil es so schön klingt. Ha! Als wir fertig waren, haben sie nur noch nett gegrinst und 'Dankeschön!' gesagt und dann die Türe einfach vor unserer Nase zugemacht."

Melchior setzte müde den Weihrauchschwenker auf den Boden. „So ging's weiter bei Familie Schott und bei den Gaitsens und die ganze Straße rauf!"

Der Pfarrer bekreuzigte sich: „Herr vergib ihnen. Denn sie wissen nicht, was …" Plötzlich aber schwoll sein Glatzkopf wütend rot an: „Herrgott, Geld haben die alle, die Geizhälse, die verflixten! Womit soll ich bloß die neuen Roben für den Kirchenchor bezahlen?"

Kaspar ballte die Faust um ihre Myrrhenzweige: „Unsere Brüder sollten das Geld aus ihnen rausprügeln …"

„Gott bewahre! Ums Geld schlagen. Es müsste schon mit dem Teufel zugehen, wenn uns da nichts Klügeres einfiele." Plötzlich spielte ein Lächeln um des Pfarrers dünne Lippen. „Wie alt sind die jetzt eigentlich, eure Brüder? Können die auch singen?"

„Dreizehn, vierzehn und fünfzehn", antwortete Kaspar, „aber singen tun die, dass sich die Fußnägel rollen."

„Die sind nämlich alle drei im Stimmbruch", erklärte Melchior, „manchmal klingen sie noch wie kleine Jungs, manchmal wie erwachsene Männer, meistens aber wie verrostete Orgelpfeifen."

„Beim Herrgott", sagte der Pfarrer verschwörerisch; „diese Stimmbrüche sind ein Geschenk des Himmels. Wenn die Geizkragen nicht fürs Singen bezahlen wollen, dann müssen sie es eben fürs Aufhören tun."

In den frühen Morgenstunden des sechsten Januars wurden die Pfaffinger von greulichen Geräuschen geweckt.

„Das klingt wie ein Tier, das verendet, nein, wie drei Tiere. Seltsam, heute ist doch gar kein Schlachttag!", wunderten sich die Leute. Als das geheimnisvolle Blöken näher kam, dämmerte es ihnen: „Das sind keine Kühe und keine Schafe, das sind Menschenstimmen!"

In der Dunkelheit sah man, wie sich drei Burschen, als die Heiligen Könige aus dem Morgenland verkleidet, vor dem Haus der Familie Kaniggerich postierten und zu laut und zu tief und zu hoch und zu heiser, einfach gruseligst, grundübeligst, grottenschlechtestens Dreikönigslieder zum Besten gaben. Hätte an diesem Januarmorgen Schnee gelegen, dieser Lärm hätte ihn zum Schmelzen gebracht. Stattdessen schmolz die Leidensfähigkeit der Familie Kaniggerich.

150

Nach zwei Minuten nur flog die Tür auf: „Hier, eine Spende für die Kirchengemeinde und das ist für euch, bitteschön, und jetzt singt ihr bitte, bitte brav WOANDERS!", flehte Frau Kaniggerich die Stimmbruchkönige an. Dann waren die Gaitsens und die Schotts dran. Die ganze Geizhalstraße beschallten die Pfarrersneffen, sangen, als käme nach ihnen die musikalische Sintflut. Zuletzt hielten die Leute ihr Geld schon an der Tür bereit: „BITTE, ihr geht doch auch gleich WEITER, oder?!"

So kam der Oberpfennigfuxner Kirchenchor doch noch zu seinen Roben. Die drei Pfarrersneffen wollten nach ihrem durchschlagenden Erfolg am Dreikönigstag gleich in den Chor eintreten. Das aber lehnten die Chorsänger ab – einstimmig.

Stephan Geesing

Die heil'gen drei Könige
aus Morgenland

Die heil'gen drei Könige aus Morgenland,
sie frugen in jedem Städtchen:
Wo geht der Weg nach Bethlehem,
ihr lieben Buben und Mädchen?

Die Jungen und Alten, sie wussten es nicht,
die Könige zogen weiter;
sie folgten einem goldenen Stern,
der leuchtete lieblich und heiter.

Der Stern blieb stehn über Josefs Haus,
da sind sie hineingegangen;
das Öchslein brüllte, das Kindlein schrie,
die heil'gen drei Könige sangen.

Heinrich Heine

Die heil'gen drei König

Die heil' - gen drei___ Kö - nig mit___
ih - ri - gem___ Stern will ich euch be -
sin - gen ihr Frau - en und Herrn, ihr
Ster - ne gebt al - len den Schein; ein
neu - es Jahr geht uns bald ein.

Volksgut

Die Flucht nach Ägypten

Josef tat, was der Engel sagte. Er nahm das Kind und die Mutter Maria und ging mit ihnen auf die Reise. Einen Knecht und zwei Mägde hatten sie bei sich und auch ein Rind und zwei Esel. Einer trug Maria mit dem Kind, der andere trug Wasserschläuche und Brot, wie sie es für die lange Wanderung brauchten. Denn ihr Weg ging durch ödes und wüstes Land und kaum je fanden sie Herberge. Es war eine schwere Reise. Nachts blieben sie draußen auf dem freien Feld. Bei Tag brannte die Sonne heiß, nachts froren sie im kalten Wind. Eines Tages hatten sie gar kein Wasser mehr und es war kein Brunnen in der Nähe und keine Quelle. Lange ritten und wanderten sie und der Durst quälte Mensch und Tier. Aber Gott geleitete sie und half ihnen: Sie sahen plötzlich weit draußen einen hohen Baum. Nun freuten sich

alle und eilten hin. Es war eine Palme unter der grünes Gras wuchs.
Im Schatten des Baumes entluden sie die Esel und setzten sich und
rasteten und ließen das Vieh fressen.

Das Jesuskind saß auf dem Schoß seiner Mutter. Es strebte auf die
Erde hinunter und spielte vor seiner Mutter. Mit seinem Finger
berührte es das Gras und den Boden. Da sprang vor seiner Hand
eine Quelle auf – klares, helles Wasser. Und sie alle waren überrascht
und froh und dankten Gott und tranken und tränkten auch die Tiere,
durstig, wie sie waren.

Die Palme, unter der sie saßen war schlank und hoch und hing voll
süßer, reifer Früchte. Datteln wuchsen auf ihr, wie man sie überall
gern isst. Maria sah die Früchte und hätte sie gern für ihr Kind
gehabt. Das Kind aber wusste wohl, was sich die Mutter insgeheim
und ganz ohne an sich selbst zu denken, wünschte.

Da gebot es der Palme, dass sie sich zur Erde neigte und sogleich
beugte sich der Baum gehorsam, damit die Mutter seine Früchte
pflücken konnte. Denn dies Kind war der Herr aller Schöpfung.

Und wie sie weiter reisten, da zeigte sich Gottes Allmacht: alle Bäume
beugten sich vor dem Kind, ihrem Schöpfer; alle neigten in Demut
ihre Äste. Blumen, Kräuter und Gras – alles, was da wuchs, wendete
sich dem Weg zu, auf dem die heilige Familie zog und neigte sich vor
ihr. Alle Tiere, große und kleine, kamen aus dem Wald und ehrten
die Jungfrau und das Kind. Sie liefen mit und sprangen und
zeigten den Weg, als hätten sie Menschenverstand.
Auch die Vögel kamen an den Weg, sie grüßten
das Kind und die Mutter mit ihren Liedern.
Singend und musizierend empfingen sie
ihren Schöpfer. Sie alle wussten, dass
es der Herr der Welt war.

Nach Bruder Philipp

Quellenverzeichnis

Kirsten Boie, *Silvester*, aus: Alles ganz wunderbar weihnachtlich, © Verlag Friedrich Oetinger, Hamburg

Max Bolliger, *Eine Wintergeschichte*, © 1993, Nord-Süd Verlag AG, Gossau – Zürich/Schweiz

Anne Braun, *Echt lieb vom Nikolaus*, © Anne Braun

Georg Dreißig, *Die Handschrift Gottes*, *Was Lololith in der Weihnachtsnacht erlebte*, © Georg Dreißig

Hans Fries, *Warme Kälte*, © Hans Fries

Stephan Geesing, *Das goldene Buch*, *Die heiligen drei Stimmbrüche*, © Stephan Geesing

Carola Hoffmann, *Der Wunschzettel*, © Carola Hoffmann

Luise Holthausen, *Florian rettet das Christkind*, © Luise Holthausen

Richard Hughes, *Der Weihnachtsbaum*, aus: *Das Walfischheim*, © Suhrkamp Verlag, Frankfurt 1953

Dimiter Inkiow, *In letzter Minute*, *Der fliegende Weihnachtsbaum*, *Der Weihnachtswunsch*, © Dimiter Inkiow

© James Krüss, 1961, *Die Weihnachtsmaus*, aus der Sammlung *Der wohltemperierte Leierkasten*, erschienen im C. Bertelsmann Verlag, ein Unternehmen der Verlagsgruppe Random House